JN101912

デジタル
サプライ
ネットワーク

サプライチェーンのDXで競争優位を獲得する

アミット・シンハ、エドニルソン・ベルナルデス、
ラファエル・カルデロン、トーステン・ウースト　著

デロイト トーマツ コンサルティング合同会社
藤岡稔大　監修
サプライチェーン&ネットワークオペレーションユニット　訳

Digital Supply Networks
by
Amit Sinha, Ednilson Bernardes, Rafael Calderon, and Thorsten Wuest.

Copyright © 2020 by Amit Sinha, Ednilson Bernardes,
Rafael Calderon, and Thorsten Wuest.
All rights reserved.
Japanese translation rights arranged
with McGraw-Hill Education, Inc.
through Japan UNI Agency, Inc., Tokyo

日本版発行に寄せて

　現在、日本も含めて世界中、空前のデジタルトランスフォーメーション（DX）ブームとも言える状況である。この本を手に取った皆さんも、おそらくDXに取り組む経営者かDXを推進せよと指示を受けた部門の責任者か担当者ではないだろうか。私はサプライチェーンを専門としたコンサルティングに四半世紀以上にわたり従事しているが、このDXブームに似た感覚を何回か経験している。1990年代後半のERPブーム、2000年代のSCPブーム（ザ・ゴール〈注：当時バイブルとされたゴールドラットによる著書〉ブームといった方が正しいか）を覚えておられる方もいらっしゃるのではないだろうか。その結果どうだったかというと、ERPやSCPの本質をしっかり捉えて学習し成果と資産を残した企業と、ブームに乗っかり時間とお金を浪費した企業に大きく分かれるのではないだろうか。両者の割合としては、残念ながら前者が圧倒的に少なく、後者が圧倒的に多い。もちろん正確な統計を取ったわけではなく、あくまで筆者の感覚的なものである。今回の出版を思い立った理由は、このDXをブームで終わらすことなく、本質的な改革に取り組んで成果と資産を残す企業を増やしたいとの思いからである。

　過去のERPやSCPのブームとの比較からDXのブームの特徴を紐解いていきたい。どちらもテクノロジーを用いたイノベーション的な取り組みという点では共通点がある。そもそもサプラチェーンの進化というのはテクノロジーの進化の歴史であると言えるが、今回もテクノロジーとのセットのイノベーションである。この点においては共通性がある。一方で大きく異なることが2つある。

　1つ目のキーワードはベストプラクティスの有無である、もう少し詳しくいうとベストプラクティスとそれを体現したパッケージソリューショ

ンの存在の有無だ。ERP や SCP はその領域のベストプラクティスと、それを体現したパッケージソリューションが存在した（例：ERP ＝ SAP RA 等、SCP ＝ i2 等）。そのソリューションを勉強すれば、ベストプラクティスを学びながら導入することができた。あるいは盲目的にソリューションを導入して形にすることができた（それでは成果は上がらないのであるが）。DX ではベストプラクティスやパッケージソリューションにあたるものがない。DX を実現するソリューションやソフトウェアはあるが、こうすればいいといったものは存在しない。パッケージされているものはなく、ユーザー自身がソリューションを選択し組み合わせることが必要になる。ここが大きく異なるところである。

　２つ目のキーワードがリストラクチャリングだ。ERP や SCP は既存のビジネスモデルを前提としたプロセス・リエンジニアリングだったのに対して、DX は既存のビジネスモデルを変えることも踏まえて考えるリストラクチャリングである。その違いを生んだ理由は、クラウド、AI、3D プリンティング、ドローンなどのあらゆる領域でのテクノロジーの進化だ。製造や物流などの直接的な業務にまで及んでいる。加えて、プラットフォームなどを通じて顧客やビジネスパートナーと直接つながれるようになり、距離が圧倒的に縮まった。そういったテクノロジーを活用して、企業はどのようにイノベーションを起こすかというのが問われている。SCM 関連部門を超えた連携というレベルではなく、企業外を含めた連携を通じて非連続的なイノベーションを起こす思考が求められており、それに戸惑われている読者も多いのではないかと思う。

　本書では、サプライチェーンの DX を推進する上での必要なテクノロジーを紹介し、各領域別の具体的な事例を交えながら、DX をどう進めるべきかを解説する。読者には飛躍しすぎと受け取られる事例もあるかもしれないが、DX では非連続なイノベーションを起こすことが求められる。本書は、これまでの常識にとらわれずゼロベースで今の事業を捉え直す、そのきっかけを読者の皆さんに与えることができると思っている。この本を取られた読者はきっとこれまでの人生でも最も困難でエキサイ

ティングな状況に立ち向かわれていると思う。本書が皆さんのロングジャーニーを伴走するシェルパのような役割を担えれば幸いである。

　最後に、今回の翻訳を快く快諾してくれた、アミット・シンハをはじめとする原著者の方々に深く感謝を申し上げたい。また、日本語版を出版するにあたって本書の位置付けを理解して多大なサポートをいただいたファーストプレスの上坂伸一さん、出版まで担当いただいたデロイトRKMの塩崎奈緒子さん、伊東美智留さんにもこの場を借りて深く感謝を申し上げたい。ありがとうございました。

デロイト トーマツ コンサルティング合同会社

藤岡稔大

翻訳／日本の見解執筆者一覧（順不同）

岡野 敬介　井上 智　宮前 勇一　平田 真一郎　小暮 孝範　森本 政志
岡部 亮一　高橋 直之　金丸 洋輔　森 哲也　坂 正輝　小山 誠一郎
伊藤 健一　稲垣 圭介　大地 宏明　シェイク ナズル　荒木 健
松吉 佐和香　塩崎 奈緒子　伊東 美智留
（サプライチェーン＆ネットワークオペレーションユニット）

目次

第3章

シンクロナイズド・プランニング

シンクロナイズド・プランニングの利点

シンクロナイズド・プランニングを有効活用する

シンクロナイズド・プランニングについて組織面で考慮すべきこと

● まとめ

● 日本の見解

第4章
デジタル製品開発

SCM におけるトラディショナルな新製品開発

デジタル新製品＆サービス開発プロセス

DSN におけるデジタル製品開発のケイパビリティ

コラボレーションツールとデジタルデザインチーム

スマート製品

産業向け製品サービスシステムとサービタイゼーション

デジタル製品開発事例

● まとめ

● 日本の見解

DSN トランスフォーメーション プレイブック

事業戦略と DSN 戦略

DSN のアプローチとテクノロジーに関する考慮事項

プレイブックで推奨する実行手順

DSN を実行するにあたっての重要な要素

● まとめ

● 日本の見解

第 1 章

デジタルサプライネットワーク

概要

　破壊的技術によって、世界はかつてないペースで変革している。長年先頭を走り続けた大企業が、デジタル新興企業に続々と追い越されるなど、その変化は目に見えて起きている。デジタル化の影響を大きく受け、顕著な変化が続いている分野の一つがサプライチェーンマネジメント（SCM）である。新たな技術によって発展した経済と産業は、従来のSCMをさまざまな観点から挑戦し、製造業もその挑戦に応えるべく、努力してきた。しかし、今後より大きな価値を創造するためには、経営者が既存のプロセスを再評価し、新たなデジタル技術の戦略的な活用を通じて変革を起こす必要がある。更なる価値の創造と競争力向上のための最良の方法は、バリューチェーンの在り方を再考することにある。従来のSCMの考え方から、デジタルサプライネットワーク（DSN）への移行によって新しいビジネスモデルを築く企業は、大きな先行者利益を得ることになる。

　この章の前半では、デジタル変革の重要性と影響について説明する。また、後半には、SCMからDSNへの移行にある背景や、DSNモデル、必要となる技術について紹介する。

デジタル変革とその重要性

　デジタル変革（DX：デジタルトランスフォーメーション）とは、破壊的なデジタル技術によって実現される価値創造のためのエンドツーエンドのビジネスプロセスの再考である。デジタル変革を通じて、組織は革新的な製品・サービスを高品質・低コストでカスタマーへ提供することや、最適な資源配分による効率性向上の実現が可能になる。

　サプライチェーンのデジタル化は、今に始まったわけではなく、ERP

（エンタープライズ・リソース・プランニング）システムや電子データ交換（EDI）の導入、製造用ロボットの活用などを介して過去数十年にわたって行われてきた。そして今回のデジタル変革の波は、革新的な組織への移行や、ヒューマンセントリックな業務と労働者の満足度の向上、さらには、かつてないほどの顧客価値創出や、社会の改善をもたらすことになるだろう。そして、そうした変革は同時に現在の世界秩序を大きく混乱させることになるだろう。デジタル変革に求められるスキルセットの劇的な変化によって、多くの労働力が戦力外となり、不平等社会に拍車をかける可能性がある。また、この変革は市場や業界を推進、統合し、今までのビジネス戦略の常識を覆すこととなるだろう。

　ここで、デジタル変革と組織形態・サプライチェーンマネジメント（SCM：Supply Chain Management）プロセスにおける変化の具体的な関係性や、業務プロセスや活動がどのように変化するのか、必要となるテクノロジーとは何か、デジタル化された世界における自社の競争相手は誰か？といった疑問を抱くのではないだろうか。そのような読者にはぜひこの本を手に取ってもらいたい。

　本著では、デジタル変革のプロセス、必要となる技術、従来のSCMプロセスへの影響、そして仕事の性質と労働力への影響や、成功へのアプローチ方法について、事例を用いた包括的な説明を通して、そうした問いにお答えする。また、自社内でデジタル変革の第一歩を踏み出す際に役立つ実践的なプレイブックも紹介する。前述の疑問を抱くことがなかった方も、以前の産業革命以上に万全な準備が求められるこの変革に対応するには、本著で論じているデジタル変革によってもたらされる変化をさらに深く学び、理解する必要があると確信している。

◉───── 顧客の期待

　企業は、顧客へサービスを提供し、そのサービス提供によって得られ

た利益をステークホルダーへ還元するために存在する。そのため、顧客ニーズを十分に満足させないことには、競争の激しい世界市場では生き残ることができない。顧客の期待は常に変化しており、その変化はスピードを増している。したがって、ビジネスを成功に導くには常に自らを改革する必要がある。最新技術の普及に伴い、スマートフォン 1 台で食料品の注文から自宅の温度管理までできることを考えると、現代の顧客の期待値はかつてないほどの高さである。過去の市場リーダーは今デジタル改革を受け入れなくては消滅の道をたどることになる。一方で、デジタル変革を受け入れ、活用して顧客価値を創出しようとしている組織は、市場から大きな見返りを得ている。要するに、あなたがデジタル変革を気にするべき第一の理由は、顧客のニーズがあるからであり、顧客のいないビジネスは存在しないのである。

　ここでは、あるシューズメーカーにおけるデジタル技術を活用した顧客価値向上の事例を紹介する。顧客はアプリを通して足の写真や年齢、活動レベルの情報を提供する。これらの情報を参考に、メーカーは最適な製品を選定し出荷、出荷後も同アプリを用いて、使用状況や、古いシューズのリサイクルの対応ができる。つまり、デジタル技術によって製品設計から製品リサイクルに至るまで、顧客満足度向上、収益の増加、統一されたネットワークを通じた環境改善が可能になる。これがデジタル変革のインパクトなのである。

◉————**効率性**

　前述したように、組織の最終的な目標は、顧客とステークホルダーへの価値創出である。運用プロセスを通じてこれらの目的を達成するため、経営幹部は常に、プロセスの効率性を懸念してきた。19 世紀の最初の革命以来、規模と範囲の経済性の概念が重視され、企業は、その双方がもたらすメリットを追求し、その双方が自身のパフォーマンスにとって重要な要因であると考えてきた。しかし、これらを推進する上で大きな課

題であったのが規模の経済性と範囲の経済性の間にあるトレードオフである。伝統的に、規模の経済性を高めるためには、製品ラインナップを狭め、需要等に起因する変動性を抑えなければならない（範囲をできるだけ狭くすることが必要）とされてきた。このトレードオフの解消のために、テクノロジーを活用することで、カスタム性の高い製品を低コストで提供することを実現してきた。もう一つの課題は、規模の経済下では一定の時点を過ぎると収穫逓減が始まり、得られる利益の成長性が限界に達してしまうことである。

　デジタル時代は、従来型の経営概念に対するアプローチを刷新しつつある。新しいテクノロジーにより、組織は従来よりもはるかに迅速にプロセスの適用範囲を拡大できる。企業は他のデジタル化されたプロセスやビジネスとAPI等を活用して、即座に連携し、プロセスの範囲を容易に拡大できるようになる。これにより、規模の経済性による利益率が過去最高レベルまで上昇する可能性があるため、効率化はもはや重要ではなくなる。デジタルコアを中心に設計された運用モデルや企業は従来の運営プロセスや組織を圧倒する。そして大幅なコスト削減と効率向上の可能性をもたらし、従来型の経営アプローチからの脱却を迫ってくるのである。

　例えば、ボールベアリングを製造しているある自動車部品メーカーでは、過去20年間、統計的工程管理により製造工程の品質と効率を管理していた。毎時間生産される数千の品目のうち、一部の製品の品質がテストされ、1つの部品が欠陥と見なされると、ロット全体を不良品と見なし、例え高い良品率であっても、大量の無駄を発生させていた。ここで、組立ライン上のコンピュータビジョン対応センサーを使用することで、製造部門は、最初の不良品が通過した際に生産を停止でき、リソースや工数のロスの極小化が可能になった。

◉────売上

　デジタル変革はコスト効率を通じた利益向上だけでなく、売上拡大にも大きな影響を与える。売上の拡大は、より高いスループットと顧客への提供価値を通じて、より多くの顧客へ、より多くの製品・サービスを提供できるかにかかっている。アジャイル対応型サプライネットワークは、カスタム型の製品やサービスを、より広い顧客にリーチし、ネットワークの価値を増大させ、結果的には売上の拡大に大きく貢献する。

　デジタル技術を活用したプラットフォーム構築によって売上を増加させた事例は複数ある。中でもプラットフォームの影響が分かりやすい例は Amazon だ。同社は顧客を 1 か所に集め、全体価値を高めることで無数の売り手を引き付けた。これによってネットワーク内にさまざまな購買サイクルを生むことに成功した。

　他にもカスタム製造を行う建設・鉱山機械メーカーは、プラットフォーム上に顧客固有の要件を効率的に理解することを目的としたデジタル市場を創り出した。顧客の現場製品に設置されたセンサーデータ活用を通じて、リモート状態監視や部品交換時期のアラート通知など、製品ライフサイクル一連での支援をすることで、従来型の製品販売と保守サービスとは異なる新しい収益モデルを創り出すことに成功した。

◉────エコシステムとステークホルダーの期待

　デジタル変革は、適切に遂行されれば、特定の業務やビジネス機能に限定されることのない、ビジネス横断の活動であることを理解することが不可欠である。組織がコラボレーション、可視性、および効率性を最大限に活用できるのは、ネットワーク上のエコシステムの一部として、全体と整合のとれたアプローチに従う場合のみである。ネットワークは、単純に顧客にサービスを提供するだけでなく、企業の利害関係者に良い

影響を与える。デジタル変革は、ネットワークに参加する従業員（生産性を高め、反復的な作業から従業員を解放するためのツールを提供する）、パートナー（コネクテッドエコシステムを利用する）、社会（リソースの最適な利用を可能にする）に価値をもたらす。

　データストレージサーバーの販売をしている企業を一例に見てみよう。この企業はパートナー企業から調達した部品を自社で組み立て、販売している。デジタル技術を活用して、同社はパートナー企業とリアルタイムで需要予測を共有し、パートナー企業は供給計画の最適化が可能になる。さらに需要予測と供給計画をネットワーク全体で共有することで、ある特定のサプライヤーが生産停止などの供給制約に直面した際に、エコシステム上の他のサプライヤーとのタイムリーな連携が取れ、迅速に解決できる。

　デジタル変革と、企業にとってのデジタル変革の重要性を理解した上で、ここからはデジタル変革がサプライチェーンマネジメントに与える影響について考えよう。

デジタル変革による組織とサプライチェーンへの影響

　テクノロジーは何世紀にもわたって産業を再定義してきたが、今日では、人工知能、クラウド、ロボット工学、モノのインターネット（IoT）、アディティブ・マニュファクチャリング、ブロックチェーンなどの重要なテクノロジーが統合され、かつては夢でしかなかった方法でビジネスの自動化が可能になっている。技術の変化に合わせて、デジタル時代では、企業は常に稼働し、顧客とつながることが求められている。まずは、デジタル変革が既存のビジネスをどのように破壊しうるのか、3つの重要な方法について見てみよう。

◉─────顧客の影響

　デジタル変革の中心となるのは、顧客と顧客に対して提供される価値である。顧客とは単なる取引相手としての関係ではなく、コネクテッドパートナーとして相互に価値提供しあう関係を構築する必要がある。顧客が製品やサービスに抱く感情は、ユーザーが声高なブランド支持者になるのか、一度限りの購入者になるのか、不満を抱くクレーマーになるのかを判断する上で重要な役割を果たす。企業は、デジタル技術を活用して顧客体験を積極的に変革し、顧客体験を取り巻く非構造化データ（ツイート、メール等）の活用を通じて、優良な顧客体験を提供する。これにより、顧客を生涯にわたる大切なパートナーに変えるための行動を促すことができる。

　実際に顧客感情を分析、活用して顧客体験を向上させた大手航空会社の例がある。悪天候による便のキャンセルを強いられた際、乗客の優先順位に基づいてフライトを再手配する従来のプロセスに加え、ソーシャルメディアの投稿を通じて乗客の感情をリアルタイムに測定、分析した。この洞察を利用して、同社は他の地域からスタッフを集め、仮想カスタマーサービスツールを活用して対応した。同社は提携航空会社に連絡を取り、影響を受けた乗客のためのより迅速な代替手段を特定した。インテリジェントな最適化エンジンは、組織のリソースだけでなくパートナー（従来の競合他社）のリソースも管理しながら、最適な個別の経路案を作成した。デジタル技術を活用したこれらの舞台裏の取り組みの結果、乗客からの何百ものリツイートは、クレームよりもサービスへの喜びと感謝に関するものであり、多くの新しいブランド支持者を生み出した。

◉─────── プロセスの影響

　デジタル変革によって、組織の設計、調達、製造、物流、保管、輸送、流通といったプロセスのルールはアップデートされた。ビジネスプロセス上のさまざまな機械が自ら感知、解釈、行動し、改善する能力があれば、従来のサプライチェーン管理におけるすべてのパラメータは、非常にポジティブな影響を受けるだろう。そして、時間の経過とともに、ビジネスを運営する組織はデータ主導型になる可能性がある。

　デジタル環境下における調達業務は、予測的かつ戦略的契約と自動化された取引へと移行している。組織は、大量の調達データの分析を通じて最適なサプライヤーを特定し、支出分析を実行、各サプライヤーを効果的に管理することで、ネットワーク全体の価値を高められる。例えば、ブロックチェーンの活用は、関連する間接コストを削減し、契約プロセスを自動化させることで、契約の処理方法を大きく変化させる。

　生産・製造業務や組織内の生産関連の設備資産管理領域においては、スマートマニュファクチャリングによって、製造効率の大幅な向上、在庫コストの削減、製品の輸配送の迅速化が可能になっている。３Ｄプリンタによるアディティブ・マニュファクチャリングはカスタム生産の強化、デジタルツイン技術は製造施設の管理・設計の合理化と機敏性・安全性の向上、機械学習の予測アルゴリズムは資産効率の向上などとさまざまなソリューションによる幅広い効果が期待できる。

◉─────── データとテクノロジーの影響

　データは、これまでにない形で、デジタル変革において重要な役割を担っている。企業は「データはデジタル経済を動かす新たな石油であり」、「データは黄金であり」「データは21世紀の電力である」など、今日のデータの重要性に関わる一般的な論説から逃れることはできない。これら

は誇張されているように聞こえるが、デジタル変革におけるデータの中心的役割を考えれば、誇張ではない。あらゆるデジタル技術に立脚したあらゆるソリューションが、大量のデータに依存している。

　デジタル変革を支援するデータと合わせて、無数の支援技術が存在するが、その一部については本章ですでに述べた。これらのテクノロジーはリアルタイムの洞察を可能にし、経営の意思決定スピードを向上させる。ニューラルネットワークを使用して複雑な機械学習を実行する人工知能アプリケーションから、高度な人間の動きを模倣して生産ラインでの完全な自動化を可能にする物理的ロボットまで、テクノロジーはデジタル変革の重要な基盤となる。

　データとテクノロジーについては、本書の第2章で詳しく説明する。データとデジタル技術の導入効果を最適化するための戦略については、第9章「DSN トランスフォーメーション　プレイブック」で取り上げる。本書の目的は、読者をデータサイエンティストにすることではなく、読者がデータとテクノロジーを理解し、組織のデジタル変革に活用できるようにすることである。

従来の SCM から DSN への移行

　18世紀の第一次産業革命以降、産業は大きく飛躍し、モノづくりはもちろん、人々の文化や社会的経済にまで計り知れない影響を与えてきた。電気や石油といった新エネルギー源獲得による量産化、通信や自動化の発展が生み出した産業デジタル化の第一歩、急速に成長するテクノロジーや人工知能がもたらす製造業の完全自動化などと、歴史の流れから常にデジタル化の取り組みがあったことが分かる（図1-1）。技術の発展と並行して、サプライチェーンの概念においても、進展がみられた。1960年代の独立したタスク管理形態から始まり、一部機能の統合、エンタープライズ・リソース・プランニング（ERP）導入に伴う活動全体

のシステム集約などの歴史を経て、現在の産業には必要不可欠である
SCM が構築された（**図1-2**）。新たなサプライチェーンモデルを紹介する
前に従来の SCM について説明しよう。

図 1-1：技術革新と経済的成長

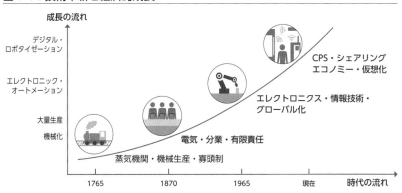

図 1-2：サプライチェーンマネジメントの発展

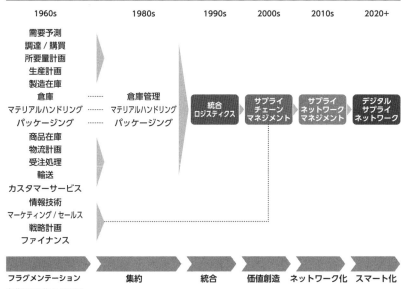

出典：R.Ballou (2006)

従来の SCM

　SCM とは、製品やサービスの設計、需要供給計画、購買、仕入先管理、製造、資産保守、資材保管、輸送、顧客補充に関連する幅広い活動を指す。SCM では、エンドユーザーのニーズを満たすことを目的とし、開発、計画、調達、製造、配達、返品のプロセスをチェーン型で管理する（**図 1-3**）。全体のフローは、さまざまな連続した手順に基づいているため、非常に長く複雑な構造になることが多い。需要予測は販売や出荷履歴をもとに行い、他チームと合意決定をすることで、不確実性を排除し、在庫レベルやコストの削減を可能にしてきた。

図 1-3：SCM のプロセスとフロー

サプライチェーンマネジメント (SCM) プロセス

| 開発 | 計画 | 調達 | 製造 | 配達 | 返品 |

サプライチェーンマネジメント (SCM) フロー

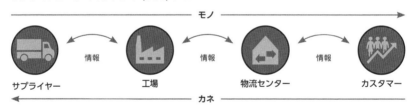

SCM の課題と DSN への移行のニーズ

　第三次産業革命終盤に SCM の概念が認識されてから、経営層の物流

の統合への意識が高まった。これにより、サプライチェーンの統合と初期のデジタル化は大きな成功を遂げたが、SCMは、活動と計画が段階的に行われる直列型な構造であるため、さまざまな場面で課題を生み、ビジネスの可能性を制限している。例えば、不測の事態が生じた際の軌道修正にかかる膨大な時間とコストが挙げられる。このような管理体制は、顧客との希薄なつながりや、ネットワーク全体の透過性の低さにも起因している。また、作業の属人化から脱却できておらず、非効率な業務が部門を問わず発生している。

つまり、その段階でのサプライチェーンマネジメントにおける進化は、直列型かつサイロ化された体制の中で競争優位性を生み出すための既存テクノロジーの活用に過ぎなかった。真の利益や最大限の可能性というのは、ステークホルダーへの最大価値創出のために、最新テクノロジーを活用し、ビジネスモデルや、製品、そしてエンドツーエンドのバリューチェーンの再構築を試みる企業に与えられるのである。今こそ、従来のサプライチェーン・アプローチを、相互接続された情報フローと高度な機能をもった新たなモデルへ変換する必要がある。

以上の考え方をもとにデロイトでは、可視性やコネクティビティ、リアルタイムの特性をもったスマートなサプライチェーンマネジメントを実現するためのモデル再構築に焦点を当てたコンセプトを、デジタルサプライネットワーク（DSN）として定義している。

図1-4では、従来のサプライチェーンモデル全体が、より動的で統合されたサプライネットワークに変換される様子を示している。DSNでは、テクノロジーの活用により、全ステークホルダーが1つのつながったネットワークに属する。製品、資金、情報はネットワーク全体でシームレスかつリアルタイムに連携される。

図 1-4：デジタルサプライネットワーク（DSN）に進化する直列型サプライチェーンモデル

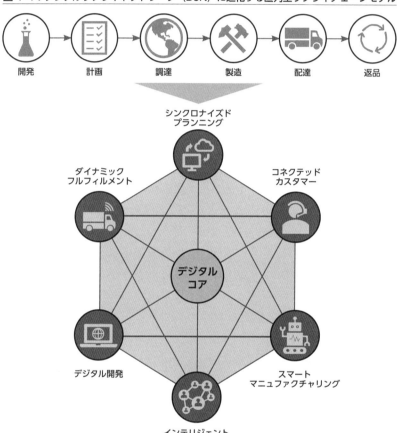

DSN モデル

　デジタルサプライネットワーク（DSN）は、デジタル化を可能にするサプライチェーン機能のつながりであり、つながりから発生する情報の流れなしでは成立しない（**図1-5**）。DSN の中心には、6 つの異なるサプ

図 1-5：DSN モデル

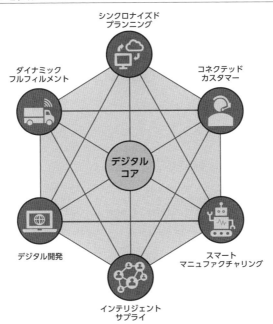

ライチェーン機能を同時に調整、統合するデジタルコアが存在する。

　6つのサプライチェーン機能から収集されたデータはデジタルコアに収集され、保存、分析、活用される。破壊的なテクノロジーによって実現された DSN モデルは、従来の直列型サプライチェーンとは異なり、次のような変革をもたらす。

1　エンドツーエンドの透過性：サプライネットワーク全体の可視化を実現
2　高レベルの機敏性：柔軟でプロアクティブな対応を実現
3　高レベルの統合と結合：組織を跨いだすべての利害関係者、機能間でのコラボレーションを強化
4　リソースの最適化：労働者やその他資源の活用最大化

5　総合的な意思決定：ネットワーク最適化や、コスト削減、また新たな収益機会を創出

　これらの特性により、企業は自社のサプライネットワークを最大限に活用し、時間・場所・リソースなどの従来の障壁を低減することができる。これにより、パフォーマンスや運用効率・効果が向上し、新たな収益機会が創造される。

◉─────**企業の DSN 機能**

　DSN を最大限に活用するために、企業はデジタル化された 6 つの基本機能を備える必要がある（**図1-6**）。

デジタル設計・開発：この機能は、製品開発のプロセスにデジタル技術を活用し、製品ライフサイクルを通じての機能間連携や、設計効率の向上を可能にすることで高品質な製品開発を実現する。効果としては開発

図 1-6 : DSN の主な機能

デジタル 設計・開発	シンクロナイズド プランニング	インテリジェント サプライ	スマート マニュファクチャリング	動的（ダイナミック） フルフィルメント	コネクテッド カスタマー
高度デジタル戦略による製品ライフサイクル管理の最適化	連携によって大幅な効率化を実現	先進的なテクノロジー、モデル、機能によりコストを最適化	接続性、機敏性、プロアクティブな工場により、新たな効率性を実現	新しいレベルのスピードと機敏性により、カスタマーサービスを強化	インスピレーションからサービスに至るまで、シームレスなカスタマーエンゲージメントを実現

出典：Deloitte Press、DSN

コストと製品メンテナンス費の削減による製造の柔軟性向上や、属人的作業からの脱却によるエラー・遅延の低減、業務効率性の向上が挙げられる。他にも、変化する顧客ニーズへの迅速かつ柔軟な対応も実現される。また、プロセスの効率化やデジタル技術により、開発段階での環境負荷を最小限に抑えながら、より迅速な製品投入を可能にする。

シンクロナイズド・プランニング：この機能は事業戦略目標を、ビジネス内のさまざまな機能の財務目標および実行計画と連携させる。企業間でのコミュニケーションやビッグデータによる情報、顧客情報を利用して、顧客の基本的な需要が予測され、在庫が最適化される。製品、サービス、パッケージのロードマップを使用して製品・サービスポートフォリオの最適化や、最適なサプライネットワークの設計などを行い、輸送コスト、倉庫コスト、製造コストを最小限に抑えた顧客への応答性の最大化を実現できる。さらに、企業はサプライネットワーク全体で例外対応の要否を検出し、オンデマンドの需要充足を実現できる。

インテリジェントサプライ：インテリジェントサプライによって、企業は戦略的パートナーとより効果的に協業し、購買依頼と請求書に高度な電子プラットフォームを採用することで、顧客とサプライヤーのエクスペリエンスを向上させる。また、供給リスクを予測して、エンドツーエンドのオペレーションをプロアクティブに最適化する。機械学習や人工知能（AI）などの技術は、コスト変動を予測し、コストを最適化するための調達戦略立案に活用される。

スマートマニュファクチャリング：この機能は、生産データと需要データに基づいて製造のパフォーマンスと労働者の安全性を改善する。センサーデータ、画像認識、協調ロボットは、全体的な生産効率を最適化し、人間工学に基づいて構築された安全性の高い作業環境を提供する。スマート化された工場では、ダウンタイムを最適化し、潜在的なシステム停

止を予測するために、予防保全のアプローチが採用されている。

動的（ダイナミック）フルフィルメント：これはサプライネットワーク
で相互接続された企業間の機能であり、企業が適切な製品を適切な顧客
に適切なタイミングで提供し、顧客体験を向上させる機能を指す。IoT
やロボティクス、クラウドプラットフォームなどの技術を利用して、サ
プライチェーン全体に可視性や応答性、柔軟性を提供し、部門間のコラ
ボレーションを促進する。高度な顧客注文管理を可能にし、顧客満足度
を向上させ、陳腐化コストを削減する。

コネクテッドカスタマー：この機能により、企業は、従来のトランザク
ション時のみに限定された顧客との関係性から脱却し、顧客のライフサ
イクル全体を通じてシームレスな関係性が構築できる。これにより、顧
客ニーズの予測精度が高まり、顧客満足度の向上につながる。また、迅
速な問題解決と顧客の消費パターンの特定も可能になる。高度な分析、
機械学習、人工知能（AI）などの機能は、顧客を効果的にセグメント化
し、適切なプロモーションを提供する際に役立つ。企業は、ダイナミッ
クなフルフィルメント機能を活用して、製品を追跡およびモニターし、
高品質な製品を顧客にタイムリーに提供できる。

◉ ──── **デジタルコアの内部**

　DSN の中心にあるデジタルコアは、サプライネットワーク上のデジタ
ル化された基本機能を統合し、最終的に DSN を駆動する。ここでは、
DSN の成功に求められる重要なデジタルの専門分野について説明し、デ
ジタルコアとデジタルコアを有効にする方法について説明する。

デジタル分野

　DSN の成功を示す主な 4 つの領域（**図 1-7**）があり、6 つの DSN 基本

機能がすべて相互接続され、デジタルコアを介して編成されたネットワークとして集合的に動作する場合にのみ本来の価値を発揮する。

センシング：DSN は、ネットワークの信号を読み取り、すべてのノード間のつながりを識別および分析する。歴史的に、サプライチェーンは需要分析・予測に重点を置いていた。しかし今日では、センシングは、はるかに広範な分野であり、サプライヤーのパフォーマンス、顧客の感情、工場のパフォーマンス、従業員の満足度などの重要な側面をカバーしている。

コラボレーション：サプライチェーンは、企業間の信頼性の高い取引を促進するために存在する。顧客とサプライヤーは常に協業をしてきたが、

図 1-7：デジタル分野

DSN によって、ネットワーク内の複数の階層間での同時かつ透過性の高い連携が可能になる。強力なチャットベースの問題解決技術を使用して複数のユーザー、データ形式、通信方法を統合する新しいサプライチェーンのコントロールタワー技術は、まさに新しいコラボレーション機能の一例である。

最適化：DSN のノードが提供するデータを収集し、分析する目的は、最終的にサプライネットワークを最適化することにある。オペレーションリサーチ領域は、現在では、サプライチェーンのプロフェッショナルが日常業務にて使用するシステムに、高度な最適化機能として組み込まれている。

レスポンス・変換：状況を察知し、利害関係者と協力し、最適なソリューションを選定した後、企業は計画を実行に移す必要がある。これは、デジタル世界のデータを実際にビジネスが行われる物理世界に反映することを意味する。サプライネットワークの専門家は、ボタンをクリックするだけで、計画を一連のオーダーや、作業指示に変えたり、現場オペレーションを誘発するアクションに変えることができる。

デジタルスタックによるコアの有効化

　DSN の可能性を最大限に実現するには、強力な一連のテクノロジーを実装して、新しいデジタル機能を有効にする必要がある。デジタル変革の道を切り開くとき、リーダーはまず自社がもつべき中核的なビジネス能力とコンピテンシーを明確に理解する必要がある。次に情報分析と意思決定をサポートする仕組みを生み出すインフラ構築に投資することが重要である。デジタルスタックは、DSN を高度化するために必要なフレームワークをデジタルコアに提供する。このデジタルスタックは、6 つの機能層（**図1-8**）に分割される。

　図1-9 は、デジタルスタックが実際に機能するシーンだが、このフレ

図 1-8：デジタルスタック

	レイヤー	有効な機能	サマリー
5	意思決定	アクション、ワークフロー、オートメーション	デジタル / 物理的アクションの促進
4	インサイト	価値識別	統合データからビジネス価値を特定する
3	分析	視覚化、データマイニング、シミュレーション	多次元的分析
2	ストレージ	データストレージ	構造化 / 非構造化ストレージのデジタルレコードを生成（データハブ、データレイク、データベースなど）
1	接続	データ伝送	異なるデータソースを接続するプラットフォームとメカニズム
0	デバイス	データの収集・創出	物理的デバイスを使用してイベントのデジタルレコードを生成（例:IoT センサー）

フィジカルからデジタルへ（5・4）
デジタルからデジタルへ（3・2）
フィジカルからデジタルへ（1・0）

出典：Deloitte Press、DSN

図 1-9：デジタルスタックシーン

ームワークの基礎となるのは"デバイス"によるデータの収集・創出である。データ創出とは、IoT センサー等の物理的デバイスを使用してサプライチェーン内のイベントのデジタルレコードを生成するものである。一層目の"接続"は、ネットワークのすべてのノードから生成されたデータを二層目の"ストレージ"に送信できるようにするテクノロジーだ。収集されたデータは効率的かつ安全に保存される必要があり、効果的なデータへのアクセスや利用にはクラウド等の単一のアクセスポイントが必要となる。ここまでの 3 つのテクノロジーは、安全で効率的な方法でのデータの生成、保存、アクセスを主に担っており、ここで最も重要なのはセキュリティである。

　二層目によって提供される単一アクセスポイントを使用して、データは三層目の"分析"に移動する。このレイヤーは、視覚化、高度なモデリング、リアルタイムのシナリオシミュレーションを提供し、サプライネットワークチームが、日々十分な情報に基づいた評価とビジネス上の意思決定を行えるよう支援する。さらに、ネットワーク全体の可視化により、プロアクティブなイベント管理、予測的な洞察、部門間のコラボレーションができ、最終的には資産の効率化（労務管理、在庫診断、プラント稼働率、設備効率等）が可能になる。四層目は"インサイト"に移行し、サプライチェーン全体にわたるビジネス価値を特定する。これは、日常業務を超えて、ネットワークにおけるビジネス上のインサイト、プロアクティブなセンシング、予測モデリング、人工知能の領域に到達する。そして、五層目は"意思決定"であり、デジタル世界から物理世界に分析を戻すトランザクションを実行する。五層目のアクションは、エラーを最小化し、ロボティック・プロセス・オートメーション（RPA）などの高度なプロセス管理プラットフォームを使用してリソースの全体的な効率を高める方法で、管理支援を行う。

サプライチェーンコントロールタワー──デジタルコアの例

　サプライチェーンコントロールタワー（管制塔）は、デジタルコアを

具現化した一例である。デジタルコアツールを使用することで、経営幹部は、エンドツーエンドのサプライネットワークをリアルタイムでプロアクティブに管理できる。このターゲットを絞ったアプローチは、外れ値の特定や、ソリューションの適切な優先順位付けを実現して、大規模なテクノロジーの導入なしに最大の価値創出を可能にする。

コントロールタワーでは、サプライチェーンの幹部が、スコープや焦点を問題の大部分を引き起こしている少数の分野に絞って活動できる。その間、他のサプライチェーンを通常通り機能させ続けることも可能である。コントロールタワーは複数のデータソースを収集して分析、可視化、根本原因を特定、予測と警告、俊敏なレスポンス、パフォーマンス管理をチームに提供することで、非計画的な実行管理体制から、高い応答性を兼ね備えた行動計画へと焦点をシフトできる。

また、管制塔の概念は広いため、定義を正確に示すことが重要である。図1-10 に、コントロールタワーの主な機能をまとめた。

コントロールタワーは拡張性と適応性に優れており、デジタルデバイスを介してアクセスする完全なデジタルソリューションにすることも、物理的な場所と混在させて、リアルタイムで情報を可視化することもできる。これらは、収益の増加、利益率の向上、資産効率化、リスク軽減、即応性の向上など、サプライチェーンの多くの問題に対応して具体的なメリットをもたらす。さらには、サプライチェーン組織の効率向上に寄与する間接的な効果を創出する。つまり、組織がデータソースの理解を深めたり、潜在的なプロセス改善に着目するための支援をする。

◉────── デジタルツインが形成する３種類のループ

DSN は究極的に進化するとデジタルツインと呼ばれる、物理的に存在するサプライネットワークをデジタル世界に表現することができるようになる。デジタルツインは、主に、物理的なオブジェクトまたはプロセスの特性、属性、および動作をミラーリングするデジタルレプリカとし

図 1-10：コントロールタワー（管制塔）の特徴

コントロールタワー（管制塔）の基本要素

 エンドツーエンドのソリューションとして機能
リアルタイム・アラートの提供、戦略的洞察の提供、パフォーマンス管理の強化

 新しいエンタープライズ機能の立ち上げ
その結果、新しいより良いやり方が生まれ、多くの場合、新しいプロセスや組織構造が必要となる

 従来の機能的サイロの打破
さまざまなデータソースやプロセス、パートナーを統合し、リアルタイムの接続性、可視性の向上、詳細な洞察を提供する

 高度な分析の使用
コグニティブなフィードバックループと科学的なアルゴリズムにより継続的に改善されていく

コントロールタワー（管制塔）ではないこと

 スクリーンがたくさんある物理的な部屋
「管制塔に行ってもいいですか」という質問がよくあるが、コントロールタワーは物理的な場所である必要はない

 輸送管理システム（TMS）
TMS システムは重要なデータソースを形成するものの、コントロールタワーに TMS がなくても完全に機能することができる

 見栄えの良い可視化ダッシュボード
ダッシュボードはコントロールタワーソリューションの重要な部分を形成するものの、ダッシュボードを接続するだけでコントロールタワーが適切な機能を備えるわけではない

て定義でき、最終的には、物理的なアクションを実行または投資することなく、デジタル世界にてアクションをシミュレートできる。

　企業をデジタル時代に移行させるために、従来のサプライチェーンは、フィジカル－デジタル－フィジカルのループ（**図1-11**）を構築する必要がある。このループは、デジタルツインによって生成されたデータから始まり、物理世界からデジタル世界への進化と、その後に物理世界に戻るアクションをコントロールする。このループは、3つの重要な要素に分解されるが、これらが最終的に統合されると、デジタル企業における継続的な価値創造の源となる。

図 1-11：フィジカル - デジタル - フィジカルループ

1. フィジカルからデジタルへ
物理的な世界から信号やデータをキャプチャ
しデジタルレコードを作成

フィジカル　　　　　　　　　　　デジタル

3. デジタルからフィジカルへ
物理的世界でアクションや変更を生成するための、
自動化されたより効果的な方法での情報提供

2. デジタルからデジタルへ
高度な分析、人工知能、および機械学習を使用
して情報を交換 / 強化し、有意義な洞察を実現

出典：Deloitte Press、DSN

フィジカルからデジタルへ：この段階では、日常的なサプライチェーン
オペレーションのデジタル記録が作成される。ここには、あらゆる企業
で発生する基本的なトランザクション（製品開発、セールス、デリバリ
ー、エンドツーエンドのサプライチェーンプロセスに関連するその他の
機能）が含まれる。例えば、センサーは、物理的プロセスから重要な値
を測定する。サプライチェーン、製品、さらにはオペレーションに影響
を与える環境や外部の状況に至るまで、さまざまな資産からデータを監
視、収集する。このデータは、データストレージに集約・処理された後、
分析用に準備される。

デジタルからデジタルへ：デジタルからデジタルへの内部ループは、近
年ソフトウェアソリューションのユーザビリティーが大幅に改善したこ
とで急速に変化が起きている分野である。ここでは、人工知能、自然言
語処理、機械学習、空間分析などの新しいテクノロジー対応機能によっ
てデジタル情報の記録が強化され、情報へのアクセス性向上と有意義な
洞察が生み出される。

デジタルからフィジカルへ：デジタルからデジタルへのループで得られた

洞察は、物理世界に意思決定や行動のガイドを提供する。ロボット工学、ワークフローの自動化、機械制御などの自動化テクノロジーの力により、物理的なアクションを自動的に起こすことができる。その結果、チームは、ダッシュボードなどの可視化された情報から、ビジネス上の意思決定に基づいたアクションへとつなげることができる。製造の例に戻ると、データ分析から得られた洞察は、デコーダを介して、移動または制御メカニズムを操作する設備に渡される。この相互作用によって、物理世界とデジタルツインとの間のループが完了する。

　フィジカル－デジタル－フィジカルループを有効にすることで、企業はデータにリアルタイムでアクセスできるようになる。この変化は、ビジネスの運営プロセスの根本的な変革、新たな収益源の創出、機敏性の向上、デジタル機能の開発を可能にする。

DSN を実現する主要技術

　DSN の実現を支える主要テクノロジーは**図 1-12** に示されている 8 つに分類される。各テクノロジーの特性と機能を活用することで、DSN はデジタルコアを取り巻く動的なインフラストラクチャに迅速に適応できる。ここからは各テクノロジーについて説明する。

◉─────人工知能（AI）

　人工知能とは、パターン認識アルゴリズムを使用してデータを解釈し、機械学習を活用して、即時にデータから洞察へと変換させることである。これにより戦術的な計画を簡素化し、意思決定プロセスを自動化できるのだ。AI システム（**図 1-13**）は、機械学習やその他のデータ分析手法を組み合わせて活用し、データインテリジェンス機能を実現する。

図 1-12：実現を支える主要テクノロジー

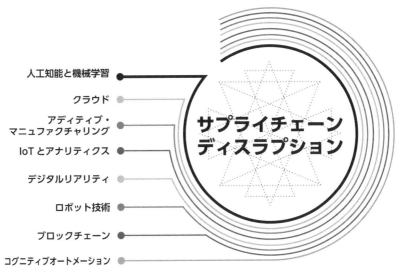

人工知能と機械学習

クラウド

アディティブ・
マニュファクチャリング

IoT とアナリティクス

デジタルリアリティ

ロボット技術

ブロックチェーン

コグニティブオートメーション

サプライチェーン
ディスラプション

出典：Deloitte Press、DSN

図 1-13：AI システム

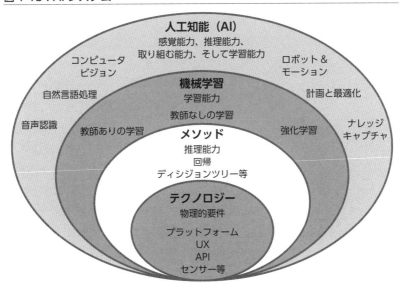

人工知能（AI）
感覚能力、推理能力、
取り組む能力、そして学習能力

コンピュータ
ビジョン

ロボット＆
モーション

自然言語処理

機械学習
学習能力

計画と最適化

教師なしの学習

音声認識

教師ありの学習

メソッド
推理能力
回帰
ディシジョンツリー等

強化学習

ナレッジ
キャプチャ

テクノロジー
物理的要件

プラットフォーム
UX
API
センサー等

RPA 機能を導入することで、AI や機械学習に向けた段階的な取り組みを実現できる。さらに、RPA 機能を拡張することで、ボットの影響を受けるアップストリームおよびダウンストリームの機能強化のための機械学習を通じてプロセスを改善し、完全にインテリジェントな DSN の基盤を構築する可能性がある。

◉──────**クラウドコンピューティング技術**

クラウドコンピューティング技術は、システム・リソースおよびサービスの共有プールへのアクセスを可能にするネットワーク・ベースのテクノロジーである。つまり、デジタルインフラストラクチャを使用して、オンラインデータアクセス時の柔軟性とスピードを提供する。

図1-14 は、クラウドコンピューティング技術が DSN を最も効率的に機能させるために提供する主な機能と利点を示している。

◉──────**アディティブ・マニュファクチャリング**

アディティブ・マニュファクチャリングは、一般的に 3 D プリンティングと呼ばれ、コンピュータ設計によって作成された 3 D オブジェクトを物理的に複製する技術のことである。モデルベース開発により、情報のデジタルスレッドを場所に関係なく即座に共同作業者と共有できるため、開発・設計の可能性が大幅に高まる。さらに、実際の試作に先立って設計の仮想テストを行うことで初回製造時の品質を向上させ、全体的なコストを削減し、試作成功の可能性を高める。これにより企業は開発・設計環境の柔軟性を向上させることができる。

図1-15 では、製品とサプライチェーンに対するアディティブ・マニュファクチャリングの影響を示している。

図 1-14：クラウドコンピューティング技術の主な機能とメリット

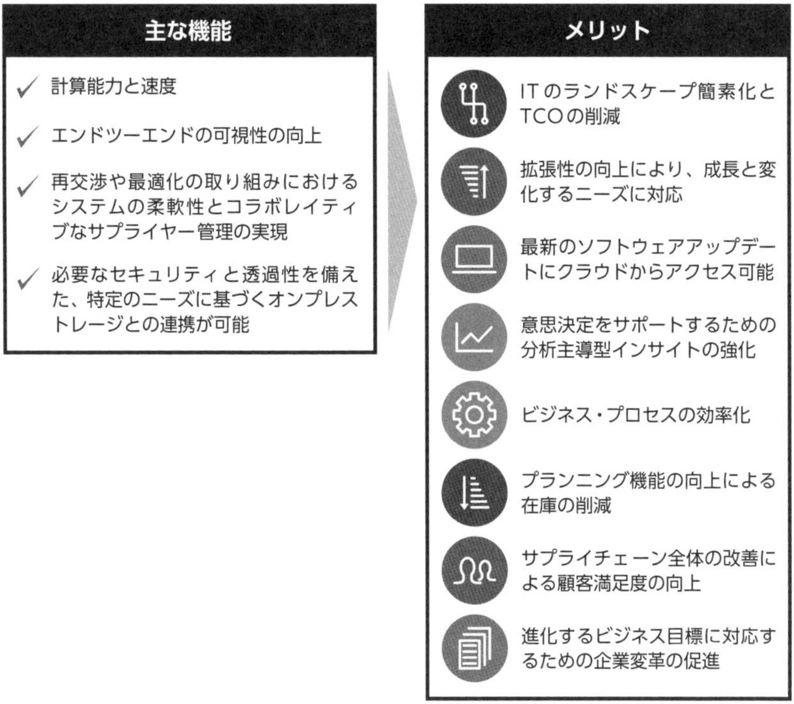

主な機能	メリット
✓ 計算能力と速度 ✓ エンドツーエンドの可視性の向上 ✓ 再交渉や最適化の取り組みにおけるシステムの柔軟性とコラボレイティブなサプライヤー管理の実現 ✓ 必要なセキュリティと透過性を備えた、特定のニーズに基づくオンプレストレージとの連携が可能	ITのランドスケープ簡素化とTCOの削減 拡張性の向上により、成長と変化するニーズに対応 最新のソフトウェアアップデートにクラウドからアクセス可能 意思決定をサポートするための分析主導型インサイトの強化 ビジネス・プロセスの効率化 プランニング機能の向上による在庫の削減 サプライチェーン全体の改善による顧客満足度の向上 進化するビジネス目標に対応するための企業変革の促進

図 1-15：アディティブ・マニュファクチャリングの影響

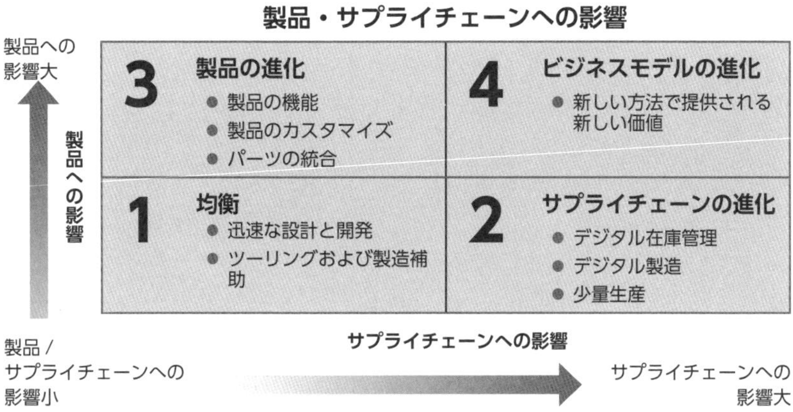

製品・サプライチェーンへの影響

製品への影響大

製品への影響

3 製品の進化
- 製品の機能
- 製品のカスタマイズ
- パーツの統合

4 ビジネスモデルの進化
- 新しい方法で提供される新しい価値

1 均衡
- 迅速な設計と開発
- ツーリングおよび製造補助

2 サプライチェーンの進化
- デジタル在庫管理
- デジタル製造
- 少量生産

製品／サプライチェーンへの影響小

サプライチェーンへの影響

サプライチェーンへの影響大

◉━━━━IoT とアナリティクス

　IoT は、あらゆるモノをネットワークに接続する技術であり、企業が洞察を生み出し、事業を変革するために活用できるデータを生成する。

　図 1-16 が示すように、エンドツーエンドの IoT ソリューションは、センサー、データプラットフォーム、分析ツールの 3 つの主要要素で構成されている。センサーは、データプラットフォームに流れるデータをリアルタイムで収集し、保存する。分析ツールはプラットフォームからデータを引き出し、分析し、洞察を導き出す。これらの洞察は、物理世界でアクションを実行するために使用される。

図 1-16：IoT フレームワーク

⦿─────拡張現実（AR）と仮想現実（VR）

　DSN では、拡張現実（AR）、仮想現実（VR）、360 度ビデオ、没入型技術（**図1-17**）を組み合わせて活用できる。これらはセンサーやカメラからの情報を収集するデータソースとして機能し、入力データを中心に構築された仮想環境を作成する。ユーザーはその後、ジェスチャー、音声コマンド、視線を組み合わせて、新たな現実と交流することができる。

図 1-17：デジタルリアリティ種類

テクノロジー	概要
拡張現実（AR）	デジタル上に作成したコンテンツをユーザーの実世界に重ね合わせる
仮想現実（VR）	ユーザーの実世界の環境を置き換え、まったく別の環境を作り出す
複合現実（MR）	デジタルコンテンツと実世界を融合させ、両者が共存・反応できる環境を作り出す
360 度ビデオ	ユーザーがあらゆる方向を見ることができる新しい視点を提供する
没入型技術	多感覚的なデジタル体験を提供し、いずれかの技術を用いて提供される

⦿─────ロボット技術

　ロボット技術には、主に 3 つのタイプがある。1 つ目はロボットで、自律的、または半自動的にタスクを実行するように設計されている。2 つ目はコボット（協調ロボット）と呼ばれ、人と同じ環境で共に作業可能なロボットを指す。3 つ目はドローンである。サプライチェーン業界では比較的新しいが、これらの無人航空機（UAV）はさまざまなレベルの自

律性の下で作動することができる。**図 1-18** で強調されているように、ロ
ボット技術の潜在的な利点は数多くある。

図 1-18：ロボット技術（ロボット・コボット・ドローン）スキルと利点

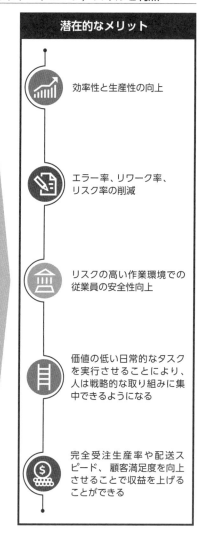

ロボットスキル

- 情報の収集、照合、検証
- 構造化 / 非構造化データの統合と分析
- 情報・データの記録および伝送
- 位置・値の算出、および / または 行動の決定
- アクティビティ（ロボットベースと人間ベースの両方）の調整と管理
- ユーザー、クライアント、顧客とのコミュニケーションと支援
- オペレーションパフォーマンスの変更、検出、報告
- 学習、予測（行動または結果）

潜在的なメリット

- 効率性と生産性の向上
- エラー率、リワーク率、リスク率の削減
- リスクの高い作業環境での従業員の安全性向上
- 価値の低い日常的なタスクを実行させることにより、人は戦略的な取り組みに集中できるようになる
- 完全受注生産率や配送スピード、顧客満足度を向上させることで収益を上げることができる

⬤─────ブロックチェーン

　ブロックチェーンは、二者間の取引を効率的かつ検証可能で永続に記録できる、オープンな分散型台帳である（**図1-19**）。これにより、市場のさまざまなプレーヤー間でのコラボレーションが可能になり、サプライチェーン全体のパフォーマンスが向上される。

　ブロックチェーンは主に資産追跡メカニズムであるため、サプライチェーンの核心である物流におけるトラッキング、トレーシング、検出での貢献はもちろんのこと、高い透明性から情報共有やデータ保護での活用も可能である。さらに、サプライチェーン、金融、人的資本、ITのさまざまな要素を結びつけることで、より広範な戦略目標を推進できるように支援する。

図 1-19：ブロックチェーンを活用したコネクテッドネットワーク

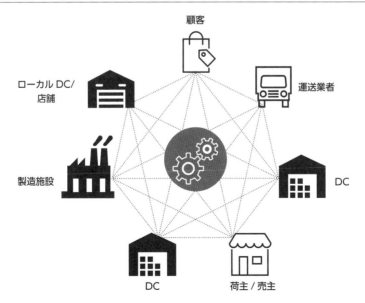

◉────── コグニティブオートメーション

　コグニティブオートメーションを活用すると、複数のソースからリアルタイムのデータを収集し、人間や機械に知的な洞察を提供できる。この技術は基本的な予測知能から人工知能まで、大きく 4 つに分類される（図 1-20）。

図 1-20：コグニティブオートメーション分類

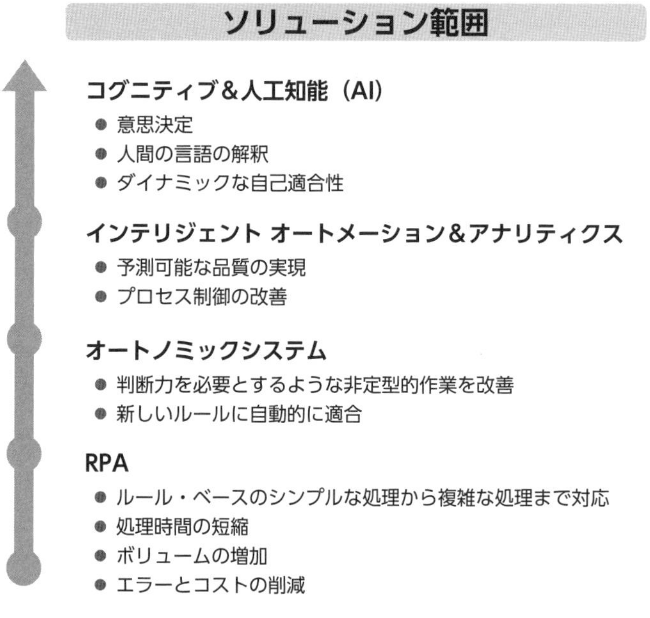

ソリューション範囲

コグニティブ＆人工知能（AI）
- 意思決定
- 人間の言語の解釈
- ダイナミックな自己適合性

インテリジェント オートメーション＆アナリティクス
- 予測可能な品質の実現
- プロセス制御の改善

オートノミックシステム
- 判断力を必要とするような非定型的作業を改善
- 新しいルールに自動的に適合

RPA
- ルール・ベースのシンプルな処理から複雑な処理まで対応
- 処理時間の短縮
- ボリュームの増加
- エラーとコストの削減

DSN への変換時の考慮事項

　DSN への変革を試みるにあたり、活用テクノロジーのみにフォーカス

してしまいがちだが、変革によってどのように業務が変わるのか、についても意識することが重要である。これには、まず DSN が人材、組織、テクノロジー、戦略などに与える影響を知る必要がある。

第9章「DSN トランスフォーメーション　プレイブック」では、人材、組織、プロセス、技術、データに関する考慮事項についてさらに詳しく説明する。

まとめ

　この章では、サプライチェーンのデジタル化の歴史と効果を振り返り、その最終形としてのデジタルサプライネットワークの概要とデジタルサプライネットワークの核となるデジタルコアを中心に解説した。

　IoT、AI、ブロックチェーンなどの最新テクノロジーによってもたらされた今回の DX の大波が、サプライチェーン領域にも押し寄せているが、それらがもたらす変化が、これまでの SCM のデジタル化とは大きく異なるということは理解していただけたと思う。DX は、バリューチェーンの完全な再構築やビジネスモデル変換につながることは理解できたのではないだろうか。

　また、サプライチェーンが DX された段階を DSN として紹介し、その中心となるデジタルコアについて解説した。かなり、テクノロジーやデータの要素が多く含まれており、理解が難しい読者もいたかもしれない。しかし、サプライチェーンに限らず、すべてのバリューチェーンやオペレーションは、with デジタルまたは on デジタルの世界に存在することになる。そのベースとなるのがデータでありテクノロジーである。本章以降でも、データの重要性や取り扱い方、DSN に関連するテクノロジーの紹介をする。

日本の見解

　サプライチェーンの DX について、この章で述べた DSN を最終形として取り組みを行っている企業は日本ではまだ多くない。ほとんどの企業において、サイロ化を温存したままで限定されたデジタル化の取り組みに留まっている。これが意味するのは、企業のバリューチェーンにおいて、大部分の付加価値を創出するサプライチェーンの領域において、日本企業はまだ DX に手がついていないということである。

　企業は、"DX ＝企業のバリューチェーン・オペレーションをデジタル技術を用いて再構築すること " という定義で、DX に向き合う必要性があると考えている。DX に対しての向き合い方は、企業の経営層の DX（より詳しくいうと DX がもたらすインパクト）に対する理解度に比例している。この点は、経営層の DX に対する深い理解とリーダーシップが重要である。

　一方で、実行段階については日本企業の現場力は高く、オペレーションエクスペリエンスに対する理解度は、非常に高い。ただそれだけでは、DX を実行していくには不足している。DX を実現するためには、新たな将来を描く構想力、プログラムマネジメント力（部門横断の施策を統括し、管理する力）、最新テクノロジーに対する知見、DSN を構築し運営する継続するための人材が必要である。ほとんどの企業は、自社の組織内部にこれらをすでに実践できる力はないだろう。そうであれば、内部のリソースで自社内の醸成・育成していくか、外部のビジネスパートナーとエコシステムを構築し補うかを判断しながら、進めていく必要がある。

　本書では、サプライチェーンの DX を DSN という形で具体化し、サプライチェーンの各領域の DX について詳しく解説している。本書を通じて、自社のサプライチェーンの DX として実現したい姿を具体化し、DSN を実現するための必要な課題と施策をより深く考えてほしい。

第 2 章

ビッグデータとデータ活用

　データとデータ活用は、これまでの伝統的なサプライチェーンにおいても成功の鍵となる要素だった。一方で、デジタルサプライネットワーク（DSN）では、伝統的なサプライチェーンに比べて利害関係者がより機敏で協力的なレベルで協力し合っている。これは、すべてのビジネス分野において、ネットワーク・レベルでデータの真の価値を活用するという点で、大きなオポチュニティとなる。しかし、このような DSN の複雑さは、データ、データ交換、およびネットワーク内の大量データから洞察を導き出すことに関して、いくつかの明確な課題を提起する。

　本章では、デジタル変革と DSN の生命線としてのデータの重要性について説明する。大量のデータ（ビッグデータ）の可用性の増大がオペレーションやビジネスモデルに与える影響とデータの価値に対する認識の変化について説明する。ビッグデータとデータ管理の「5V」を紹介し、データ量とそれに関連する価値の増大により、DSN 環境では重要になるデータのセキュリティと権限に関するトピックについて触れる。

　そして、さらにデータを活用して実現される高度な AI および ML アルゴリズムが、現在および将来の DSN に与える影響について説明し、DSN の潜在的な革新を起こすための重要な技術となってきているブロックチェーン技術とは何か、どのように機能するかについて説明する。

データの影響と価値

　データは現在、すべてのビジネス分野で期待のピークを迎えている。今日、私たちは前例のないレベルでデータが利用可能な時代に生きている。同時に、これらの大量のデータを分析して洞察を導き出す能力は、絶えず成熟している。**表 2-1** は、DSN における増加するデータへのアクセスから直接的または間接的に得られるメリットを示している。この表では重要なポイントを強調しているが、新しい革新的で付加価値の高いデータドリブン型のアプリケーションが日々出現しているため、これは

決して包括的に説明できるものではない。次に、データ自体がどのように価値ある経営資源として発展しているかを考察し、データが組織やオペレーション、ビジネスモデル全体に与える影響について説明する。

DSNを有用にする要因は、さまざまなソースからデータを収集、処理、保存できることである。これらのデータソースには、情報技術（IT）シ

表2-1：データの影響と価値が最も高い領域および業務（順不同）

データの影響が最も大きい領域	データの価値が最も大きい業務
運用管理	運用効率 （例：在庫削減、配送時間の短縮、デジタルかんばん）
需要予測	（ソーシャルメディア等の）大量の非構造化顧客データに基づくリアルタイムの需要予測／予想
倉庫管理・物流	顧客データをプロセスに組み込むことにより、製品設計から製品ライフサイクル終了まで固定化
輸送・ルート計画	災害時のオペレーション自動適応
製造・保守	生産におけるボトルネックを予測し、解決策を直接処方
戦略・コラボレーション	DSN内での収益およびリスク共有に関する契約／合意の形成と交渉
マーケティング、セールス、他支援部門	製品、プロセス、サービスの透明性とトレーサビリティ

ステム（ERP、CRM など）、センサー（温度、GPS など）、オペレーション（OT）システム（工作機械など）、公開データ（ソーシャルメディア、レビューなど）、および財務（取引データ、株式市場など）があるが、これらに限定されるわけではない。これらのデータソースは、組織内、DSN 内、または外部のどこにでも存在し、データがシステムをさらに複雑にする。

　データの重要な要素の 1 つはデータソースである。DSN は、サイバーフィジカルシステム（CPS）またはサイバーフィジカル製造システム（CPPS）と考えることができる。CPS では、物理世界（機械、トラック、作業員）と仮想世界（センサー、ソフトウェア、アルゴリズム）が融合し、統合システムが構築されている。センサーは物理的な資産をネットワークに接続し、IoT を通じてデータを収集し、インターネットやクラウドを通じて共有する。

　もう 1 つの重要な要素はデータの獲得である。DSN はコラボレーションネットワークであり、DSN 内はさまざまな組織および関係者で構成され、DSN の外部のさまざまな組織および関係者と関係を構築する。DSN には全体的な共通の目的があるが、DSN 内のさまざまな関係者は、データを共有する能力や個別の目的が若干異なる場合がある。DSN 外にいる関係者は、特にデータが競争力のある資産として認識されるようになってきているため、データの共有を制限しがちである。データを資産として認識する動きは、技術的なインフラストラクチャと同様に、データのアクセス性にも影響する。以降のセクションでは、急増するデータの価値について詳しく説明し、DSN 内のデータの性質に触れ、主要なポリシーと技術的なインフラストラクチャ・コンポーネントの概要を示す。

◉────独自の価値ある資源としてのデータ

　（高品質の）データが企業にとって貴重なリソースであることには誰もが同意している。しかし今日では、データは主に特定のビジネスケース

に関連しており、その実際の価値または認識される価値は、いくつか例を挙げると、明確な分析目標、製品、または設備等に結びついている。DSN の時代になると、データはデータ自身が価値ある経営資源と見なされるようになる。データの価値はそこから導き出せる洞察の中に存在するが、明確に定義された特定のユースケースとデータの直接的な関係は最初から明らかではない。

データ自体と、その中に隠されたインサイトを活用する能力によって、新しいビジネスモデルやまったく新しい産業を含む破壊的イノベーションが可能になる。データは、組織が持続的な競争優位を構築するための適切な戦略と能力を提供するようになる。

●────業務への影響

オペレーションは常にデータによって革新を実現してきた。ロジスティクスとサプライチェーンの管理は、シミュレーション、数学的モデリング、オペレーションリサーチに適した分野である。利用可能なデータがより良く、より包括的であればあるほど、最適化の可能性が高まることは広く受け入れられている。技術の進歩は、データの量、粒度、適時性において前例のない成長をもたらすであろう。IT/OT システムのより深い統合、さまざまなデータ交換、およびデータ分析により、DSN はリアクティブではなくプロアクティブになり、従来のサプライチェーンでよく見られた問題である、データ的に裏付けのない人間の意思決定の影響やそこから発生する調整の問題を回避できる。全体的に見て、データが与える DSN オペレーションへの影響の大きさは決して誇張ではない。

●────ビジネスモデルへの影響

オペレーション領域が常にある程度データドリブンで進歩してきたのと対照的に、データドリブンビジネスモデルは新しい発展の形である。

DSN におけるデータドリブンのビジネスモデルについて説明する場合、従来の概念をはるかに超えている。

　サブスクリプション型の非所有形態のビジネスモデルを成功させるためには、データを収集・活用するための高度なテクノロジーインフラが必要であるが、それらに加えて、デザイナー、メーカー、サービスプロバイダー、オペレーターなど、さまざまな能力を持つ多様な利害関係者をもつ組織体制が必要であり、DSN はこの複雑なコラボレーション活動を管理する手段を提供する必要がある。このようなサブスクリプション型に代表されるようなデータドリブンビジネスモデルから得られるメリットは多岐にわたり、間接費・運用コストの削減、顧客ロイヤルティの向上、製品品質の向上、継続的な収益、製品やサービスによる顧客体験に対する詳細なインサイトなどが挙げられる。全体として、データが将来のビジネスモデルに与える影響は非常に大きく、将来のイノベーションにも大きなインパクトを与える。

ビッグデータ

　前のセクションでは、データの影響、および価値について説明した。このセクションでは、データがどのようなものであるかを定義する。

◉─────── ビッグデータの7つの "V"

　今日、ほとんどすべての企業が自社のデータ管理とアナリティクスを「ビッグデータ」と呼んでいる。しかし、ビッグデータにおける「ビッグ」とは、「大量のデータ」を意味するだけでなく、データ管理、インフラ、分析ツールやシステムのそれぞれに固有の課題をもたらす複数の次元によって定義される。ビッグデータの定義にはいくつかのバリエーションがある。最も一般的で受け入れられているものは、ボリューム（量）、速

度、多様性、信憑性、価値（**図2-1**）といった「5V」を通じてビッグデータを定義するものだが、この一般的な定義に2つの追加次元を加えた7つのV（**表2-2**）を紹介する。

Volume（量）：ボリュームは、「ビッグデータ」という用語で説明されるデータ量を表す。ビッグデータに関連する「量」は、業界やユースケースによって異なる。ソーシャルメディアは、分析に利用できる大量のデータの極端な例としてよく使用される。DSNのような工業的な環境では、それらと比較して量はより少ないかもしれないが、IoTで何百万もの接続されたデバイスが継続的に大量のデータを収集している。

Velocity（速度）：速度は、新しいデータが生成される速度を示す。ソーシャルメディアは、ユーザーベースが大きいため、信じられないほどのスピードでデータを生成する。同様に、技術の進歩により、センサーがデータをはるかに高い周波数でサンプリングすることが可能になったため、新しいデータをとてつもない速度で収集することが可能になった。

Variety（多様性）：多様性は、ビッグデータを構成するデータの種類の多さを指す。画像データ、音声データ、動画データ、センサーデータ、トランザクションデータ、位置データ、暗号化されたファイル、ツイート、テキストファイル、およびこれらの考えられるすべての組み合わせを含む。データの多様性は、データ分析およびビッグデータの処理に対して明確な課題を提起する。

Veracity（信憑性）：生成されるデータの速度と量が増え続け、データを生成するソースの数が増加するにつれて、データの信憑性が必要になってきている。信憑性は、データの品質とデータソースの信頼性に重点を置いている。分析システムに供給されるデータの品質が、そこから得られたインサイトが信頼できることを保証するための活動が必要である。

図 2-1：ビッグデータの 5 つの "V"：
Volume（量）、Velocity（速度）、Value（価値）、Veracity（信憑性）、Variety（多様性）

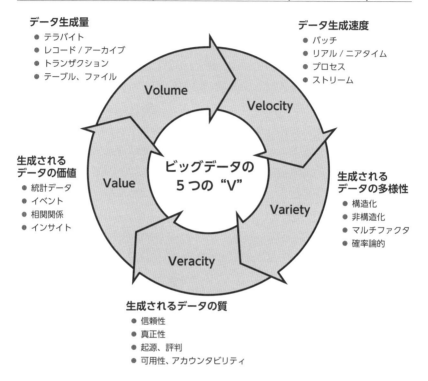

データ生成量
- テラバイト
- レコード / アーカイブ
- トランザクション
- テーブル、ファイル

データ生成速度
- バッチ
- リアル / ニアタイム
- プロセス
- ストリーム

**生成される
データの価値**
- 統計データ
- イベント
- 相関関係
- インサイト

**生成される
データの多様性**
- 構造化
- 非構造化
- マルチファクタ
- 確率論的

Volume

Velocity

Value

ビッグデータの
5 つの "V"

Variety

Veracity

生成されるデータの質
- 信頼性
- 真正性
- 起源、評判
- 可用性、アカウンタビリティ

表 2-2：ビッグデータの 3 つの "V"、5 つの "V"、7 つの "V"

3 つの "V"		5 つの "V"		7 つの "V"	
● Volume	（量）	● Volume	（量）	● Volume	（量）
● Velocity	（速度）	● Velocity	（速度）	● Velocity	（速度）
● Variety	（多様性）	● Variety	（多様性）	● Variety	（多様性）
		● Veracity	（信憑性）	● Veracity	（信憑性）
		● Value	（価値）	● Value	（価値）
				● Variability	（可変性）
				● Visualization	（可視化）

「Garbage in, garbage out（ 無意味なデータを入力すると無意味な結果が出る）」という古い格言はビッグデータ分析にも当てはまる。

Value（価値）：これはビッグデータとデータ活用の重要な側面である。意思決定支援を通じて価値を提供しなければ、あるいはデータから有益なインサイトを提供しなければ、ビッグデータに対して投入されたリソースを正当化することは難しい。この場合の「価値」とは、ビッグデータの価値をビジネスの競争力やベネフィットに変換する能力のことだ。新しいバリュープロポジション（value proposition: 価値の提案）が出現しているため、DSN で提起される価値は常にアップデートされている。

Variability（可変性）：可変性は多様性とは異なり、異なるデータのバリエーションを指すのではなく、時間の経過とともに意味が変化するデータを指す。加えて、この意味や文脈の変化を予測するのは容易ではない（あるいは非常に難しい）ことが多い。可変性は、データの均質化とデータ分析にとって重要な問題である。ビッグデータ分析から得られるインサイトには可変性に起因するリスクと信頼が含まれており、それらを管理することが重要である。

Visualization（可視化）：これがビッグデータの最後の重要な側面である。可視化は利害関係者である人間の認知能力と個人の好みに基づいている。われわれが学んだように、ビッグデータとは大量の複雑なデータのことであり、一般的に言えば、高度なアルゴリズムの助けなしには人間の心が把握することは不可能である。しかし、真に価値を引き出すためには、ビッグデータから得られたインサイトを、人間の能力や役割、理想的には好みに応じた方法で利用者に伝える必要がある。

データに関わるさまざまな論点

このセクションでは、データを取り扱う際に重要となる点について論じる。

◉───── 構造化データと非構造化データ

DSN は、多くのデータソースから、多様なデータを保管する。データを抽象的に捉えると構造化データと半構造化データ、非構造化データに分類される。それらによってもたらされる課題をよりよく理解すること

図 2-2：構造化、半構造化、非構造化データの違い

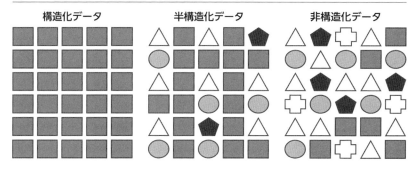

表 2-3：構造化、半構造化、非構造化データ例

構造化データ	半構造化データ	非構造化データ
● CRM トランザクション* ● ERP トランザクション* ● 電話番号／ログ* ● 郵便番号* ● セールストランザクション* ● EPCIS/RFID データ*	● CRM データメモ+ ● クレームデータ*+	● ソーシャルメディアデータ+ ● イメージ／ビデオ*+ ● オーディオ+ ● 電子メール／メッセージ／ツィート+ ● 衛星画像* ● 気候データ*

* 通常、機械的に生成
\+ 人為的に生成

がビッグデータを取り扱う際には重要である。**図2-2**は、構造化データ、半構造化データ、非構造化データの違いを簡単に視覚化したものである。さまざまな図形は、さまざまな種類のデータ（例えば、オーディオ、画像、センサーの読み取り値）を表す。**表2-3**は、DSNのオペレーションで生成されるデータが出現する一般的な例を示している。

　構造化されたデータも構造化されていないデータも、人間や自動化されたシステムによって同様に生成することができるが、検索性、必要なストレージインフラストラクチャ、データ分析や機械学習アルゴリズムの使いやすさなどの点で明確な違いがある。今日では、構造化されたデータから洞察を発見するための洗練された成熟した分析ツールが利用できる一方で、非構造化データを対象としたアルゴリズムはそれほど成熟してはいない。しかし、それは急速に発展している。DSNで収集されるシステムでは、非構造化データに分類されるデータの生成が増加している。非構造化データという、未開発の資源に隠されたインサイトを得るために、この種のデータを取り扱うための課題を理解することが不可欠である。

　データセットが構造化されているか、半構造化されているか、または構造化されていないかによって、認識されるデータ品質に影響がある。次のセクションでは、DSNコンテキストにおける技術的なデータ品質の意味について説明する。

◉──────データ品質

　データ品質は、技術的な問題だけでなく、組織的な問題やデータ活用の目的に関わる問題を含む多次元的概念である。技術的なデータ品質の問題には、データ管理のエラー、値の欠落、ファイルの破損、完全性、適時性などがある。データ処理および分析ツール、アプリケーション、サービスによって提供されるデータ品質に対する技術的な要件と密接に関連している。データの品質が低いと、運用上のエラーから活用上のエ

ラーに至るまで、組織にとって大きな問題となる可能性がある。一方、データ活用に関わるデータ品質の問題には、解釈可能性、表現、および関連性などがある。

　データ品質の問題を回避するためには、データ分析ツールとデータ活用の目的の見直しだけでなく、収集または取得、通信とストレージ、データ管理プロセス、システム、およびインフラストラクチャの設計段階から開始する継続的な取り組みを推進する必要がある。

◉————**データライフサイクル**

　データに関しては、活用を強化し、インサイトを導き出すためには、より多くのデータにどのようにアクセスし、収集するかという問題が議論の中心となる。このデータの関連コストは無視されることが多い。今日、多くの組織は、データをいつ削除できるかという問題に直面している。ストレージ・コストの価格低下に伴い、削除しないで保管し続ける選択をしているが、それは根本的な解決策ではない。耐用年数を超えるデータをいつまで保存するかということについては、残念ながら、どう答えるかについての簡単なガイドラインはない。ユースケースや組織によって、データのライフサイクルも異なる。多くの企業は、データを完全に削除するのではなく、保存するデータの粒度を落とす方向に進んでいる。粒度を落として保存することは、妥協的な解決策であり、DSN内のデータを安全に削除するタイミングに関する包括的な問題はまだ解決されていない。

サイバーセキュリティ、データガバナンス、データ権限

　サイバーセキュリティは、DSN内で協業しているすべての企業にとっ

て重要だ。簡単に言えば、コンピュータ、データベース、サーバー、ネットワーク、およびその他の接続されたシステムやデータソースに対する悪意のある攻撃を防ぐことを目的としたすべてのプロセスとプラクティスが含まれる。IoT の急速な台頭とそれに伴うネットワークに接続されたデバイスやシステムの成長に伴い、サイバーセキュリティは DSN の運用責任者、利用者にとって最大の懸念事項の１つとなっている。ビジネスの観点からは、意図的な悪意のある攻撃とは別に、データの所有権、ガバナンス、および権限に関する問題を DSN 内で解決する必要がある。さらに複雑なことに、DSN は多国籍で構成されていることが多いため、データのプライバシーとサイバーセキュリティに関しては、さまざまな法律、ポリシー、プラクティス、考え方に準拠する必要がある。

◉━━━━所有権

　DSN では、ネットワークにおいて、製造、物流、または会計プロセスに関連するかどうかにかかわらず、データを生成し、分析、計画、または調整のためにデータを消費する。すでに説明したように、データは競争上の優位性と見なされており、DSN ではデータの所有権の問題は重要である。DSN に参加するメンバー組織は、場合によっては正当な理由から、詳細なデータを他のメンバーと共有することをためらうことがある。したがって、DSN 全体の成功のためには、最初からこの問題に対処し、メンバー間の透過的なデータ所有と共有の合意を形成することが重要である。新しい革新的なアプローチでは、共有されるデータに価値（ドルまたは仮想データ通貨）を関連付け、DSN 内でデータを共有する意思のある組織に対する責任と対価を確保する取り組みがある。

◉━━━━法律、政策、地域差

　DSN におけるビッグデータとデータ活用に関して、特に国際的に運用

する場合に注意を払う必要がある発展途上の問題、つまり法律とポリシー、および考え方の違いについて説明する。事実上、どの国にも、時には州や地域にも、異なる法律や政策がある。表2-4では、DSNの主要な市場である米国、欧州連合（EU）、中国の一部を取り上げている。

　異なる地域のポリシーや法律に加えて、データやデータ共有に関して異なる考え方も考慮する必要がある。例えば、スカンジナビア諸国は非常にオープンで透明性が高いのに対し、ドイツはデータプライバシーに関して非常に厳しい。これらはDSNの運用とコラボレーションに影響するため、運営する側の認識が重要である。

表2-4：米国、欧州連合（EU）、中国におけるデータ関連政策・法律の事例

米国	欧州連合（EU）	中国
● 輸出管理：外国との技術やデータなどの共有を制限・規制	● 一般データ保護規則（GDPR）：データ処理に対象者の同意が必要等	● データ保護規制制度：民間企業による個人情報の収集と処理について規定
● カリフォルニア州消費者プライバシー法（CCPA）：消費者の個人情報の収集と使用に関する規制と透明性の確保	● US-EU プライバシーシールドフレームワーク（セーフハーバー協定に代わる新規定）：米国企業が EU から米国に個人データを合法的に移転・保管することを認める	● 中国社会信用スコア（初期段階）：政府機関にて個人情報の収集・加工を行い、国民の社会的信用スコアカードを作成
● 電子ログ記録装置（ELD）義務化：トラック運送業界における車両情報の自動追跡・管理・同期化		

相互運用性

　DSNでは、さまざまなステークホルダーが協力し、商品、データ、情報を交換する。同時に、DSN内のさまざまな組織は、さまざまなソフトウェアおよびハードウェアシステム、ツール、およびサービスを使用する。

異なる利害関係者によって使用されているレガシーシステムを合理化することは、実用的でも経済的でもない。相互運用性は、DSN内での効果的かつ効率的なデータ交換を考える上で重要な概念である。相互運用性とは、プラットフォーム間でデータや情報をやり取り、交換、処理、分析するデジタル・システムの機能である。EDI（電子データ交換）は相互運用性が具体化された1つの例である。

ビッグデータおよびデータ分析インフラストラクチャ

DSNのビッグデータとデータ活用は、最適なインフラストラクチャを実現するという点で難しい要件を提示している。サイバーセキュリティの懸念、独自のプラットフォーム、相互運用性を考慮すると、多くの組織が適切なテクノロジーの選択とインフラストラクチャの構築に苦労している理由が分かる。このセクションでは、ビッグデータのインフラストラクチャのいくつかの主要な要件について基本的な概要を提供する。

データをどこに保存または保管し、処理し、分析するかは、ビジネス・ケース、場所、業界など、さまざまな要因によって異なる。制御の観点からは、システムを集中管理するのか、分散管理するのか、ハイブリッド管理が目的に最も適しているのかなど選択をする必要がある。ビッグデータのインフラストラクチャの4つの主要な要素、フォグとエッジ、ローカル、クラウド、ハイブリッドについて簡単に説明する（**図2-3**）。

◉────フォグとエッジ

フォグとエッジコンピューティングは、IoTセンサーシステムやコネクテッドマシンツールなど、元のデータソースに近いデータ処理とある程度の処理をする考え方である。「フォグ」と「エッジ」という用語はしば

しば同じ意味で使用され、全体的な目的は類似している。フォグコンピューティングでは、処理はローカルネットワークアーキテクチャに配置され、エッジコンピューティングでは、処理がデータを生成するセンサー、マシン等のサービスに直接または非常に近い位置に配置される。

　従来、データ通信のコスト、速度、および可用性が、エッジアーキテクチャを選択する主な理由であったが、現在、DSN のビッグデータインフラストラクチャでエッジコンピューティングやフォグコンピューティングを利用する理由はさまざまである。これらの理由には、安定したデータサービス、暗号化、速度などが含まれるが、これらに限定されない。さらに、小型化、エネルギー効率、計算能力の向上により、フォグ／エッジでできることがさらに強化されていることも影響している。AR（拡張現実）の現場での活用などがその一例である。

◉─────**ローカル（イントラネット）**

　データのローカル・ストレージと処理には幅広い分野が含まれる。これは、個々のコンピュータシステム、DVD/CD、またはハードドライブ

図 2-3：ビッグデータのインフラストラクチャ主要素

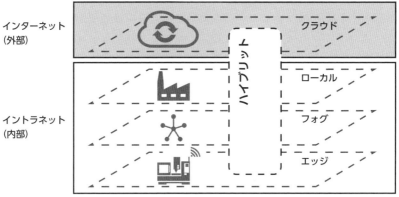

上の物理データストレージから、ローカルネットワークにまで及ぶ。DSN およびビッグデータの目的では、ローカルコンピューティングとは、ローカルネットワーク、つまりイントラネットインフラストラクチャを指す。以前はローカルでのデータのホスティング、処理、および分析が広く使用されていたが、現代のクラウドベースのインフラと比較すると、多くの欠点がある。クラウドプラットフォームと同様のスケーラビリティを実現するために、物理的なサーバーやソフトウェアをオンプレミスで運用し、維持するコストを正当化するのは難しい。さらに、ローカルネットワークでは、DSN のような高度なコラボレーションに必要なデータ交換に関わるサービスおよび機能を有していない。場合によっては、サイバーセキュリティやその他の要件によってローカルホストとそれに関連する厳格な管理が必要になる。近年は、ローカルとクラウドベースのスケーラビリティとアクセスの両方の利点を組み合わせたハイブリッドシステムへの移行が見られる。

●──────クラウド

　クラウドコンピューティングとは、インターネットを介してリモートからアクセスおよび配信されるサービスおよびアプリケーションのことである。クラウドサービスおよびアプリケーションには、ホスティングサービス、データ処理、サービスとしてのソフトウェア（SaaS）などがあるが、これら以外にもさまざまな形態がある。クラウドベースの環境では、理論的には、すべてのデータとサービス（ソフトウェア、分析など）は、Web ベースのサービスを介して常にアクセスできる。クラウドコンピューティングは、多くの場合、クラウドまたはインダストリアルインターネット IoT プラットフォームと呼ばれ、さまざまな組み込み機能、標準 /プロトコル、およびインターフェイスを提供している。これにより、初期投資が削減され、データ、サービス、インサイトへのアクセスを介したコラボレーションが可能になる。これは、データドリブンの DSN の重

要な要件を満たす。したがって、クラウドはほとんどの DSN のインフラストラクチャにとって重要なコンポーネントである。

◉──────**ハイブリッドクラウド**

　ハイブリッド・アーキテクチャは、すべての要素または選択された要素を組み合わせて、個々の要素だけでは対処できない特定の要件を処理する。これは、ローカル処理を必要とする現場管理に対する遅延の問題、転送されるデータ通信の問題、サイバーセキュリティの問題を解決する可能性がある。一般的に、ハイブリッドシステムのセットアップは、純粋なクラウドやローカルインフラストラクチャよりも複雑であるが、今日では大手サービスプロバイダーの多くが、すぐに利用できるシームレスな統合を備えたハイブリッドソリューションを提供している。

◉──────**まとめ**

　データは現代の DSN の生命線である。データの量と可用性は飛躍的に増加しているが、デジタル変革の成功を左右する要因として、データの品質、権限、セキュリティに関する新たな課題が浮上している。企業は、高品質なデータが、AI や機械学習を利用して洞察を展開する他のすべてのデジタル変革イニシアティブの基盤であることを理解する必要がある。

┃機械学習、AI、ロボティクスの活用

　今日では、「人工知能」（AI）、「機械学習」（ML）、「ロボット工学」（ロボティクス）という言葉を日常的に耳にする。以前は、1984 年の名作映画「ターミネーター」に描かれたように、AI は主に SF だと考えら

れていたが、現在では、自宅や職場、公共の場でAIやロボティクスアプリケーションが活用されている場面を目にすることができる。このセクションでは、高度なAIおよびMLアルゴリズムが、現在および将来のDSNに与える影響について説明する。

前セクションでは、あらゆるAIやMLソリューション、さらにはロボティクスアプリケーションにとって、不可欠となるデータの重要性について説明した。技術の進歩は、AI、ML、またはロボティクスを利用するコストを大幅に低下させ、利用の障壁を低くし、DSNにおける競争力の差を生み出す重要な要因の一つとなってきている（**図2-4**、**図2-5**）。

AI、ML、ロボティクスはすべて、特定のプロセスを自動化しようとする試みだ。ロボティクスの場合、これらのプロセスは、部分的に、自動組立ラインにおける溶接ロボットなどの物理的自動化を含む。AIとMLの自動化は、認知レベルに焦点を当てている。AIとMLはコグニティブオートメーションであり、ロボティクスはフィジカルオートメーションである。一般的に、私たちは反復的で、困難で、危険なタスクの自動化をしようとする（**表2-5**）。これらは、問題解決、創造性、革新といった人間が最も得意とすることを行うために、人間のオペレーターを解放することが目的である。

図 2-4：急速な技術発展がもたらす AI ソリューションのメリット

コネクティビティ
メトカーフの法則
ネットワーク通信の価値は、接続されているシステムのユーザー数の二乗に比例する

パフォーマンス
ムーアの法則
高密度集積回路のトランジスタ数は、約18ヵ月ごとに2倍になる

DSN の関係者はすべて CP(P)S 接続のユーザー
データ転送が効果的かつ効率的
AI モデルの実行が計算上効率的（ローカルまたはクラウド）

接続性と性能の向上が AI ソリューションのメリット

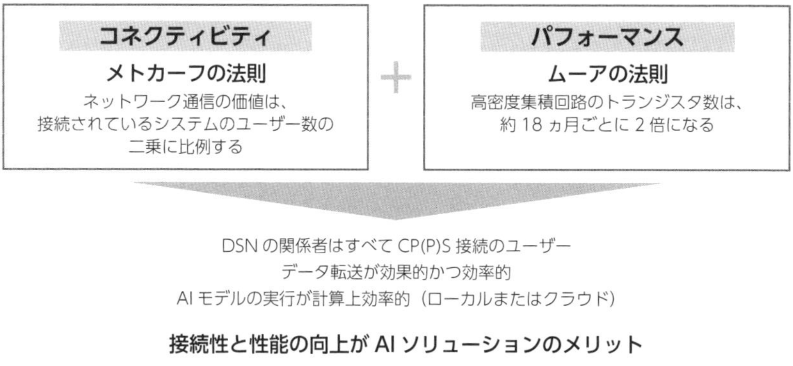

図 2-5：AI 活用のための技術基盤の整備

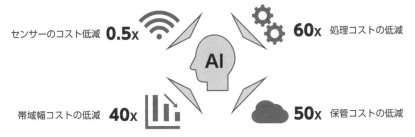

センサーのコスト低減 **0.5x**　　　　　**60x** 処理コストの低減

帯域幅コストの低減 **40x**　　　　　**50x** 保管コストの低減

出典：Taisch et al., 2018 をもとに作成

表 2-5：コグニティブ / フィジカルオートメーション事例

	コグニティブオートメーション（AI/ ML）	フィジカルオートメーション（ロボティクス）
反復的なタスク	オンラインショップの質問に回答（例：AI エンジンを搭載したチャットボット）	切削加工用材料の設置（例：多関節型産業用ロボット）
困難なタスク	マルチタスクにおける人間のサポート（例：文書内の自動補完 / 数式のチェック）	大重量物の昇降（例：ガントリーロボット）
危険なタスク	精神的過負荷によるバーンアウト（例：会議のメモを取るなどのタスクの自動化）	化学物質流出後の危険地帯探査（例：センサーを搭載した自律ドローン）

機械学習、AI、ロボティクスの利点とアプリケーション

　このセクションでは、DSN の AI、機械学習、およびロボティクスに関連する利点とアプリケーションについて簡単に説明する。

　DSN に提供される AI、機械学習、およびロボティクスの利点は、多くの明らかなものがあり、主に特定の作業（自動化）に必要な労力とリソースの削減に関連している。世界的に見て、多くの先進国と発展途上国は高齢化に直面している。団塊の世代は定年が近づいており、企業は求

められるスキルを備えた有資格労働者を見つけるのに苦労している。同時に、多くの高齢労働者は社会の生産的な一員であり続けたいと考えており、AI、機械学習、ロボティクスはそれを促進するための手段となり得る。ロボティクスと AI ベースの拡張システムは、高齢労働者が安全かつ生産的に産業現場で働き続けるためのツールを提供することができる。安全性と生産性の両方の機能は、AI、機械学習、ロボティクスが DSN におけるさまざまな領域に影響を与え、付加価値をもたらす重要な要素となる。

　AI や機械学習、ロボティクスが DSN の未来に与える影響については、さまざまな数字や予測が飛び交っている。これらでは、AI、機械学習、ロボティクスの進歩が 2030 年までに 8 億人の仕事を置き換えると予測されており、すでに実証された技術を適用することで、現在のすべての仕事活動の約 50% を自動化できる可能性があると推定されている。同時に、これはこれらの仕事が「失われた」状態になるのではなく、歴史を見れば、変化が始まったと捉えることができる。2019 年の World Manufacturing Forum のレポートでは、AI、機械学習、ロボティクスが将来の雇用市場に与える必要なスキルの変化を説明している。

　AI、機械学習、ロボティクスが DSN に与える影響の予測と、それに関連する数字を見ると、その予測はかなりのものだ。予測には、スクラップ率の 30% 削減、年間メンテナンスコストの 10% 削減、検査コストの 25% 削減、売上損失の 65% 削減、年間ダウンタイムの 20% 削減、サプライチェーン予測誤差の 50% 削減、サプライチェーン管理関連コストの 25% から 40% 削減、AI、機械学習、ロボット技術の進歩に基づく在庫削減の 20% から 50% の可能性などが示されている。

　DSN では、AI、機械学習、ロボティクスに大きな期待を寄せている。DSN のすべての領域には、AI、機械学習、およびロボティクスが現在検討されている。

　まず、より伝統的なサプライチェーン環境における AI と機械学習アプリケーションは、以下のようなものが挙げられる。

- データドリブンサプライチェーンプランニング
- リアルタイムデータ（例えば交通情報）を使用したルート最適化と配送計画
- 倉庫管理の最適化（例えば、機械学習ベースの最適在庫レベルの予測）
- データドリブンの注文データの優先順位付けとスケジューリング

　革新を続ける DSN では、より先進的な AI および ML アプリケーションが続々と登場している。またロボティスクス領域も同様に検証され、実現化されてきている

AI・ML アプリケーション領域
- 市場情報をクロールして自動的に交渉する自動調達アルゴリズム
- データドリブン需要予測（例：機械学習を利用した、自然言語処理を用いた非構造化ソーシャルメディアデータに基づくファッショントレンドの予測）
- リスクの自動監視および / またはサプライヤーの認定、監視、選定
- データドリブン予測または予防的メンテナンス・アルゴリズムに基づく大幅なダウンタイム削減
- 顧客、DSN プレーヤーによる注文のリアルタイムトラッキング

ロボティクス領域
- 配送のための自動運転トラック
- コボットが労働者を支援する、より包括的な職場環境の実現（障がいのある労働者や高齢労働者を含むが、これに限定されない）

図 2-6：DSN におけるロボティクスシステムの一般的な利用分野

ハンドリングオペレーション	プロセスオペレーション	その他
ローディング / アンローディング 例：マシニングセンタに部品をセット	**仕上げ加工** 例：バリ取り、研磨	**計測作業** 例：レーザー計測、タッチプローブ
仕分け作業 例：箱からコンベアへ部品を載せる	**溶接工程** 例：スポット溶接、レーザー溶接	**洗浄作業** 例：コンプレッスドエアー、水、ブラシ
組み立て 例：異なるパーツの組み立て	**表面処理** 例：塗装、コーティング	**ロジスティクス（広域）** 例：AGV
その他	**切削加工** 例：鋸切断、プラズマ切断	**その他**
	アディティブ マニュファクチャリング 例：自動繊維配置（AFP）	
	その他	

DSN における機械学習、AI およびロボティクスの課題

　AI、機械学習、ロボティクスは大きく進歩し、すでに世界中の主要企業に日々価値を提供している。しかし、企業がDSN にこれらの技術を導入する際には、いくつかの課題を認識する必要がある。

　主な要因の１つはデータそのものである。前述した「7つの V」を考慮しつつ、特にデータ品質とデータ共有について考えてみよう。データ

品質は、DSN 内の AI、ML、およびロボティクスアプリケーションの潜在
的な価値に大きな影響を与える。利用可能なデータのほんの一部が低品
質であっても、それは予測精度と最終的に AI/ML ソリューションの全
体的な有用性に影響を与える可能性がある。もう 1 つの重要な側面は、
データの共有である。技術面とビジネス面の両方で複数の関係者が協力
して作業する DSN ではデータの共有は不可欠である。

　AI や ML 特有の問題としては、多くの AI/ML 予測のブラックボック
ス性が挙げられる。製造業と同様に、DSN では、利害関係者は特定の
決定が行われる理由を理解しようとする。単純な「アルゴリズムはそう
言った」だけでは十分ではないことが多い。危険性が高い業務やビジネ
ス上の収益性に大きな影響を与える業務については、それで済まされな
いことは間違いない。この問題は、説明可能な AI の取り組みなどで数
多く研究されている。これは、AI、ML やロボティクスが社会に受け入
れられ、その成果に信頼が置かれるために不可欠な取り組みである。

　最後に、DSN における AI、ML、およびロボティクスの責任について説
明する。多くのアルゴリズムのブラックボックス的な性質と部分的に関
連しているが、問題はまだ解決されていない。予測アルゴリズムの予測
が間違っていて、倉庫システムの在庫がなくなり、生産が停止した場合、
あるいは、自律走行トラックが事故に遭い、AI アルゴリズムの決定に基
づいて人間に危害を加えた場合、このような場合の責任は誰にあるのか。
まだ、明確な解決策がなく、慎重に対処する必要がある。

ブロックチェーンによる
エンドツーエンドの透明性と信頼性

　ブロックチェーン技術は、一般的なデジタル変革、特にデジタルサプ
ライネットワーク（DSN）の潜在的な革新を起こすための重要な技術と
なってきている。このセクションでは、ブロックチェーン技術とは何か、

どのように機能するかについて説明する。

先進的な DSN における
ブロックチェーンアプリケーション

　ブロックチェーンは、多くのサプライチェーンの問題点を緩和し、前述したように、リニアモデルの直列型のサプライチェーンからネットワーク型の DSN への継続的な移行を可能にする技術である。これまで、さまざまな状況におけるブロックチェーン技術の潜在的な応用の可能性について、広範な議論が行われてきた。利用に関する実証検証が成功し、広く知られるようになった例の一つは、原産地を追跡するための農業サプライチェーンである。しかし、より有望なユースケースは、**図2-7** に示されている航空宇宙産業における部品交換デジタル化のようなモデルである。

　航空宇宙のサプライヤーや OEM は、ブロックチェーンの可能性を探

図 2-7：ブロックチェーンを活用した航空機対応 DSN

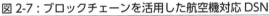

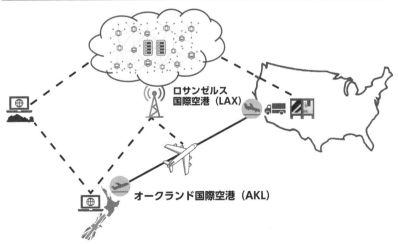

り始めており、非常に複雑で高度に規制されたサプライチェーンに挑んでいる。この業界の企業は、製品のライフサイクル全体を通じて、数万個のさまざまなパーツを管理する必要がある。例えば、いくつかの航空会社がエンジン内の個々のコンポーネントの履歴を追跡していなかったことを明らかにした死亡事故の報告は、この課題の重要性を示している。航空機の部品は厳しく規制された市場で生産され、販売される。この販売には、米連邦航空局などの機関による認証が必要だが、手続きにはかなり時間がかかる。

　最近成功した実証検証では、航空機部品メーカーがブロックチェーンと3Dプリンティングの組み合わせをテストし、欠陥のある航空機部品の交換を数週間から数時間に短縮した。**図2-7**に示すテストでは、大手航空会社が部品メーカーのブロックチェーンシステムを使用して、オークランドからロサンゼルスに向かう長距離民間航空機の交換部品を発注した。オークランドの整備クルーに交換部品が必要だと伝え、ニュージーランドの航空会社のメンテナンス・チームは、航空会社の修理サービスを提供しているシンガポールのエンジニアリング会社に、パーツ・デザインを含むデジタル・ファイルを注文した。ブロックチェーンシステムが注文を確認すると、デジタルデータは直ちにロサンゼルスの承認済みプリンタに送られ、ダウンロードされ、3Dプリントされ、空港に送られた。同機が着陸したときには、実際に現場に取り付けることができ、いかなる収益も失うことがなかった。

　部品購入から設置までのすべてのトランザクションがブロックチェーン・システムにロギングされ、ハードウェア、ソフトウェア、ドキュメントの信頼性と認証を証明する不変かつ監査可能なデジタル・スレッドを提供した。この実証検証では、ブロックチェーン・システムによって、エンジニアリング・パートナーはその知的財産を確保された方法で送付できた。離れた場所から部品を大量生産し、出荷するのではなく、ブロックチェーン上で製品設計を行い、デジタル設計図から部品をオンデマンドで生産する新たなサプライモデルを検証することができた。

ブロックチェーン技術とは

　ブロックチェーンは、ピアツーピア（P2P）アーキテクチャ上で動作するさまざまなタイプのトランザクションの分散型台帳である。ネットワークを使用する一組のコンピュータシステムは、P2P アーキテクチャにおいてネットワークの他のメンバーに処理能力のようなコンピューティングリソースの一部を提供することによって、同時にその基礎を構成する。この構成は、中央に集権的なストレージがないため、従来のクライアント / サーバーアーキテクチャとは対照的である。ブロックチェーンでは、その代わりすべてのネットワーク参加者が継続的に情報を記録および交換する。

　ブロックチェーン技術の最も重要な要素は、あらゆるデジタル資産のオンライン交換であるトランザクションだ。デジタル資産とは、写真、レコード、ドキュメント、テキストを含むファイルなど、使用権のあるバイナリ形式のものを指す。ここで注目すべきは、従来の技術はより高速で安全な情報交換に焦点を当てていることに対して、ブロックチェーン技術は価値の伝達に焦点を当てていることだ。もう１つの重要な要素はブロックである。ブロックとは、ネットワーク内のすべてのノードに配信される特定の期間のトランザクションのセットである。各ブロックは、元帳またはレコード・ブックのページと考えることができる。各ブロックにはタイムスタンプが付けられ、年代順に並べられ、暗号アルゴリズムを使用する前にブロックにリンクされて、チェーンが形成される。チェーンは、過去に検証されたすべてのトランザクションを含むブロックの時系列シーケンスになり、改ざんの可能性を排除する。

代表的なサプライチェーンの課題およびブロックチェーン機能

　それでは、まず伝統的なサプライチェーンにおける典型的な問題と、ブロックチェーン技術がそれらの問題に対処する上でどのような役割を果たす可能性があるかを見てみよう。まず、従来のサプライチェーンでは、情報は通常、開発、計画、調達、製造、物流、サポートというリニアなチェーンで構成されている。このチェーン構造の場合、チェーンの各段階のプロセスは、直前の段階のプロセスに大きく依存する。それに加えて、それぞれの直列型なチェーン型の行動と意思決定は、ほとんどの場合、サイロ化されている。それを念頭にブロックチェーンが解決する課題を考える。

◉──── 原産地管理、トレーサビリティ、コンプライアンス

　サプライチェーンでは、透明性がこれまで以上に課題となっている。例えば、ウォルマートは6,000の店舗で約5万の商品を取り扱い、世界中の何千ものサプライヤーと取引している。大規模な多国籍企業であっても、すべての取引記録を追跡することはほとんど不可能である。このような透明性の欠如は、コストを押し上げ、さまざまな形態のリスクを増大させる。ブロックチェーン技術は、記録管理と原産地トラッキングを容易にすることで、これらの問題を解決できる可能性がある。製品の材料から利用されている現在の場所まですべてに関するすべてのトランザクションは、ブロックチェーンを通じて管理され、利用可能となる。製品を正確にトラッキングできることにより、チェーンのさまざまな段階での不正の検出が容易になり、製品の安全性が向上し、予測精度とチェーンに関わるプレーヤーとの協働計画が向上する。

　航空製品、宝石、食品など多くの品目で、真正性と原産地の証明がま

すます重要になってきている。ブロックチェーン対応の DSN は、これら
のサプライチェーンの課題に対処する上で不可欠な役割を果たすことが
できる。これは、モノと共にデータがサプライチェーンを流れるときに改
ざんされていないことを保証できるためである。

● ──── コストと効率性

　サプライチェーンを移動する製品には、何百人もの手を介してオペレ
ーションが実施される。国際貿易は多くの関係者を必要とし、マニュア
ルオペレーションと紙の書類に大きく依存し続けている。例えば 2014 年、
マースクは冷凍コンテナに詰められたアボカドがケニアからオランダへ
と運ばれる旅を観察した。同社によると、この輸送には約 30 人のオペレ
ーターと 100 人以上の外部関係者が 200 回以上やり取りしていた。 34
日間のこの旅には、書類が処理されるのを待つ 10 日間が含まれていた。
出荷費用の大部分は書類に関連している。ある場所から次の場所へ書類
を送る費用の他に、書類の紛失や破損、間違いや不一致のリスクがしば
しばある。ブロックチェーン対応 DSN は、国際貿易取引のデジタル化
を可能にし、リアルタイム追跡、管理プロセスの迅速化、仲介者の排除
などを可能にし、コスト削減を実現できる。

● ──── 可視性と柔軟性

　サプライチェーンのもう 1 つの課題であり、ますます戦略的な必要性
が高まっているのが、調達、製造、輸送、流通ネットワーク全体の可視
性である。川上と川下のサプライチェーンプロセスの統合に向けた努力
は、それらがつながり、相互依存しているという単純な洞察に由来する。
しかし、多くのサプライチェーントランザクションをリアルタイムで合
理化する機能は実現されてきたが、アップデートは通常、サイロ化した
組織で行われる。そのため、関係するすべての関係者がサプライチェー

ンイベントについてリアルタイムで同時に把握できるかどうかは、多く
の組織にとって依然として困難な目標である。

　ブロックチェーン対応のDSNシステムを使用すると、可視性が向上し、
トランザクションの精度が向上し、ネットワーク上の複数の参加者から
の同期情報の実行時間が短縮される。例えば、購買担当者は、ベンダー
やサプライヤーとの取引の数量、属性、場所を迅速に更新し、ブロック
チェーンネットワークを介して、製造業者や出荷業者など、関係する他
の参加者と信頼される情報として共有できる。このブロックチェーン対
応のアップデートにより、メーカーは目的地に到着するはるか前に出荷
に関するアラートを受け取ることができる。製造業者は倉庫スケジュー
ルを更新でき、出荷業者は製造業者からの更新内容に基づいて出荷実
行前に集荷および搬送を計画できる。

　伝統的なサプライチェーンの問題に対してブロックチェーンが提供す
る機能をまとめると次の3つになる。

- **監査性**：ブロックチェーンは、データの監査証跡を提供し、サプラ
  イチェーンに沿って記録を保持する永続的な手段を作成し、製品に
  関連するイベントとデータを監視することが可能になる。
- **不変性**：ブロックチェーンのトランザクションは、タイムスタンプ
  と改ざん防止機能を備えており、データの完全性を単一のソースで
  実現し、標準と規制条件が満たされていることを示す証拠を提供する。
- **仲介者の排除**：ブロックチェーンを使用すると、デジタル署名に基
  づいて信頼できるP2Pの対話が可能になり、関係者間の通信、リ
  スクの軽減、信頼の構築が可能になる。

ブロックチェーンの課題について

　DSNでのブロックチェーンの展開は、新しい技術や開発中の技術と同

様に、課題がないわけではない。課題の１つは、ブロックチェーンに関連するセキュリティ問題についての理解不足である。通常、ビジネス・トランザクションには機密性の高い商業情報が含まれるため、データ保護とプライバシーは重要な考慮事項だ。企業が情報を記録するために旧式のシステムを使用している可能性があるため、旧来型のレガシーシステムとの相互運用性も課題だ。システムセンサーとデータプールに互換性がない場合、アクセスが困難になることがある。入力されたデータの品質が低いと、後続ではデータの仮定が不正確になるため、データの品質も重要な要素である。

まとめ

　本章については、DSN が発揮するパフォーマンスを大きく左右するビッグデータとデータ活用について取り上げた。

　データとデータ活用は、これまでの伝統的なサプライチェーンでも重要な要素であったが、サプライチェーンと比較してより多くの複数のプレーヤーが参画する DSN では、より重要になることを述べた。DSN のプラットフォーム上で、データを通じてコラボレーションを深めていくことになるので、その重要性を改めて認識すべきである。そのデータの価値をより向上させていくにあたって、データの７つの「V」（Volume（量）、Velocity（速度）、Variety（多様性）、Veracity（信憑性）、Value（価値）、Variability（可変性）、Visualization（可視化））を述べた。データが DSN のパフォーマンスを左右するのであれば、DSN 上に保管されているデータを定量的に評価して、継続的にその価値を向上していく取り組みも併せて必要である。

　また、データを取り扱う際の課題やインフラストラクチャにつ

いても述べた。DSN のように複数のプレーヤーがデータの利活用や交換を扱う上では、伝統的なサプライチェーンでのデータ活用では想定されなかったデータ所有権、セキュリティなどの課題がより難度が高い状態で発生する。そういったことも念頭において取り組むべきである。

　データ活用については関連するテクノロジーはたくさんあるが、今回は特に大きく影響すると想定される ML（機械学習）・AI・ロボティクスとブロックチェーンを取り上げた。新テクノロジーを活用した実践的なデータ活用は、今回紹介したようにたくさん創出されている。様子見するフェーズは過ぎ、積極的に活用して、経験を積むフェーズに突入している。

日本の見解

　データ活用とテクノロジーの取り扱いに対する日本の状況を見てみよう。

　データ活用については、その重要性は認識されているものの、会社全体で認識が統一されている日本企業は少ないと感じる。経営層、部門長、現場レベルでも、データを今後企業でどのように取り扱っていくかを考える、浸透させることに時間を使うことが圧倒的に不足しているのではないだろうか。企業の重要な経営資源としてヒト・モノ・カネに情報やデータが加えられたのは２０年くらい前と記憶しているが、まだ経営資源として取り扱えている企業は少ないのではないかと感じる。ヒト→人事部、モノ→事業部、カネ→財務部と責任部門を割り当てることはできるが、情

報・データの責任部門を答えられる方はどの程度いるだろうか。データが経営資源として重要性を増すのはこれからである。データ利活用の推進、データ保管の方針、効果創出など、それらをリードする役割が今まさに必要なタイミングになってきている。

　ここでは、AI・機械学習・ロボティクス、ブロックチェーン以外のテクノロジーを含めたテクノロジーの活用状況について述べたい。SCM領域におけるテクノロジーの活用は、日本企業ではパッケージソリューションのPLM、MES、SCP等のソリューションの導入を中心に推進されていると言える。パッケージソリューションには、多数の成功事例に基づき開発されたシステム機能が実装されており、パッケージソリューションを活用してDSNを構築することは非常に有効である。一方で、パッケージソリューションへの過度な依存には以下の問題がある。1つ目は、検証段階にあるエマージングテクノロジーのソリューションは含まれていないことである。2つ目は、どのテクノロジーが必要か評価、判断するケイパビリティが自社内に育ちにくいことである。2つ目の問題は、日本企業にとって特に影響が大きく、SCM×テクノロジーの両方の知見をもつ人間の育成を阻害している要因にもなっている。DSNにはSCMのオペレーションエクスペリエンスを深く理解し、かつテクノロジー知見をもっている人材が不可欠である。日本企業では、こういったダブルドメインの人材がいないがために、パッケージソリューションに頼っているという現状があると言える。DSNの活用にはデータとテクノロジーに精通したメンバーが不可欠である。そういったメンバー育成も踏まえて、テクノロジーに関する取り組み方を考えていくべきである。

第3章

シンクロナイズド・プランニング

　デジタル技術は、エコシステム（消費者、顧客、企業、サプライヤー、その他の供給業者）を構成する事業体に広く採用されており、効果的に相互接続された動的なバリューネットワークを構築している。この相互接続は、モノとカネの需要および消費をより動的かつ効果的に計画するための機会を提示している。デジタル技術による相互接続の向上に伴い、同期化された計画を作成して企業全体で共有し、すべての部門でシナリオを回して実行に落とすことができるようになっている。この同期化された計画は、バリューチェーン上の各企業に拡張することができ、エコシステム全体を同期させることができる世界を実現可能にする。この状態を「シンクロナイズド・プランニング」と呼ぶ。

　シンクロナイズド・プランニングとは、「サプライネットワークに存在する絶え間ないデータを活用して、組織が実際の需要に対する供給を正確かつ動的に計画できる状態」を指す。この状態とは、週次もしくは月次の運用サイクルを待つことなく、計画と実行が同時に行われる同期化された状態の中でリアルタイム運用できる世界を指す。相互接続されたDSNでは、拠点間にまたがるデータをフィルタすることにより、サプライヤー、ロジスティクス（物流業者）、フルフィルメント（受注・配送業者）がより正確に計画を立て、適切なリソースを適切なタイミングと場所へ提供するために必要なアクションを実行できるようになる。人間とコンピュータが融合する、つまり機械学習（ML）と人工知能（AI）によって人間の脳が「増強された」結果として、これらのアクションを取ることが可能になる。その結果、柔軟、動的、効率的かつ予測性に優れたプロアクティブな計画策定能力を取得し、企業はリアルタイムで軌道修正ができるようになる。最終的なシンクロナイズド・プランニングの目指す姿とは、戦略的なビジネス目標を財務計画、業務計画、運用計画、および戦術計画と統合して、エコシステム内で状況の変化に対して俊敏に変更可能な単一計画を継続的に策定することである。

　シンクロナイズド・プランニングの状態において、セールス＆オペレーション計画（S&OP）と統合事業計画（IBP）は効果的に一連の自動

化や機械学習を活用した企業間協業に活用され、企業が需給ギャップを
解消する力を加速させる。

従来の S&OP
およびサプライチェーン計画

　1980年代に始まったセールス＆オペレーション計画（S&OP）は、企
業の全部門にて同期化された計画・業務が把握できるよう進化してきた。
月次の管理プロセスを通じて、経営層は、営業、マーケティング、プラ
ンニング、製造、在庫管理、調達、新製品導入の体系的な連携の下、主
要サプライチェーン指標を継続的に改善することが可能になった。

　このプロセスが年月と共に進化し、S&OPがより洗練された形の統合
事業計画（IBP）となっている。IBPは改善された可視化レポートと
what-ifシナリオ分析を使用したサプライチェーンに対する即応力の強化
および財務統合と計画調整力の強化に重点を置いている。

　一方、シンクロナイズド・プランニングは、IBPプロセスを更に進化
させ、自動化や認知型のやり取りを通じて企業の意思決定スピードを加
速させている。この変革により、IBPプロセスのリードタイムと効率性
が大幅に向上するとともに、複数部門からのリアルタイムインプット、
高度なアナリティクス、ワークフローの自動化、デジタルツインを使用
したサプライチェーン全体のシナリオ分析を通じて計画プロセスの複雑
性が緩和されている。

◉————**S&OP計画と従来型SCMの計画期間**

　従来のS&OPサイクルには、需要レビュー、供給レビュー、S&OPレ
ビュー、エグゼクティブ・レビュー（**図3-1**）という4つの主要ステップ
がある。このS&OPプロセスは通常、月次で実行され、12~18ヶ月の期

図 3-1 : 従来の S&OP/IBP サイクル

1	需要レビュー	
重点	需要動向の理解、需要予測の作成、需要計画に対するコンセンサス	
期間 / バケット	18 ヶ月 / 月次バケット	
頻度	月次	

4	エグゼクティブ・レビュー	
重点	経営陣による KPI のレビューと年次財務目標との整合	
期間 / バケット	18 ヶ月 / 月次バケット	
頻度	月次	

2	供給レビュー	
重点	需給ギャップと生産能力の問題特定、およびこれらの問題を解決するためのシナリオ作成	
期間 / バケット	18 ヶ月 / 月次バケット	
頻度	月次	

3	S&OP レビュー	
重点	需給ギャップ / 問題の解決、レビュー、エスカレーション	
期間 / バケット	18 ヶ月 / 月次バケット	
頻度	月次	

出典 : Deloitte Press

間に焦点を当てている。需要レビューでは、需要動向の理解、需要予測の作成、需要計画に対するコンセンサスに重点が置かれ、供給レビューでは、需給ギャップと生産能力の問題を特定し、これらの問題を解決するためのシナリオ作成に重点が置かれる。S&OP レビューの目的は、需給計画のコンセンサスおよび供給ギャップ解決シナリオの財務インパクトの把握を目的としたリスク / 問題 / ギャップの解決である。

　最後に、エグゼクティブ・レビューでは、財務目標、KPI、ビジネスの方向性に関する経営層の合意を目的としている。

　IBP プロセスは、S&OP における各ステップへの財務部門の参加および財務調整の強化、製品ライフサイクル管理強化、コンセンサスを図るための what-if シナリオ分析能力の強化に基づき構成されている。

───SCM 計画におけるその他の構成要素 : 需要計画、供給計画および生産計画

　シンクロナイズド・プランニングへの進化は、長年にわたるデータの

可視性、可用性、同期化の制約に対する継続的な改善をもってなされてきた。言い換えると、これらの制約により、結果的にプロセス、KPI、ガバナンス、組織計画モデルがサプライチェーン計画上で機能する土台を形成してきたと言える。

では、典型的な需給計画モデルを見てみよう。計画プロセスは、需要計画から始まる。需要計画担当者は、市場動向を考慮して計画に必要な無制約需要を特定する。この需要計画は、生産からストックポイントまでのリードタイムを考慮した計画在庫、実績在庫、ターゲット在庫と比較される。これらの「ネッティング」により、どれだけの在庫をいつまでに各拠点へ配送する必要があるかを定義する流通所要量計画 (DRP)、および DRP の所要を満たすために必要な生産量と生産タイミングを定義する供給計画が作成される。

供給計画はさらに月次バケットの生産能力計画（Rough-cut Capacity Planning）、週次バケットの基準生産計画（MPS）、日次バケットの生産日程計画に落とし込まれる。

これらの計画はすべて相互関係があり、同期化する必要がある。しかしながら、計画システムのテクノロジー面の限界とデータの可視性、可用性、同期化に制約があったため、同期化されてこなかったケースが多く見られる。計画システムの既存ロジックでは、マスタデータのパラメータ単位で処理が行われていると想定されるが、パラメータ設定が適切でない場合、計画システムは変化を認知して対応することができなくなる。このような制約は、需要予測、需要検知、多階層在庫最適化、供給計画、生産スケジューリングにおけるシステムの進化とともに、最近の 10 年間で徐々に減少してきている。

シンクロナイズド・プランニングの必要性

　経済がグローバル化し、世界がデジタル化するにつれて、洗練された消費者が増加している。モバイル機器の普及により、消費者は情報に敏感となり、容易に製品間の比較ができるようになっている。消費者の嗜好を地理、時間、環境の関数として理解し、その需要パターンに供給を同期させることが最も重要である。業界を問わず、消費者の嗜好や感情はパーソナライズされた製品やサービスへとシフトしている。さらに、ほとんどの消費者は、これらの製品とサービスがより迅速かつ低価格にて提供されることを期待している。その結果、商品ラインナップの増加（ロングテール）や多品種小ロット化など、SKU（Stock Keeping Unit：単品管理）ポートフォリオが複雑化している。SKU ポートフォリオがより複雑化し、顧客ごとのカスタマイズが増加するにつれて、企業は複数チャネルにわたって需要を検知し、計画を策定する能力を大幅に向上させることが必要になっている。

　コンピュータのデジタル化とデータ処理の進歩に伴い、企業はシンクロナイズド・プランニングの実現に向けた一歩を踏み出すことができる。つまり、企業は統合計画プロセスの運用レベルを維持しつつ、S&OP や IBP を次ステップへレベルアップさせることが可能だということだ。人工知能（AI）、機械学習、ロボティクス、コグニティブ・オートメーション（CA）等の技術を活用することで、企業は最小粒度での結果の最適化、意思決定ワークフローの自動化、リアルタイムでのエコシステム協業を実現することができる。

　サプライチェーンのリアルタイムなデジタルツインを活用することで、企業は多面的（財務、実務、運用の側面）なシナリオのシミュレーションを実行し、全体的な戦略も最適化することができるようになる。

　シンクロナイズド・プランニングが実現された状態では、機械学習を

利用してサプライチェーン上で発生する問題のパターンを識別することができる。これにより、サプライチェーン上で発生した問題に対する自動修正が可能になる。これが正に、サプライチェーン計画機能の進化と呼べるだろう。

シンクロナイズド・プランニングの基本的な機能

　シンクロナイズド・プランニングへの道のりは、企業の現行成熟度レベルと目指すべき成熟度レベルによって異なる。シンクロナイズド・プランニングに向けた改革は、段階的に高度化を行っていくことになる。

　シンクロナイズド・プランニングの達成のために、人工知能や認知技術の導入により計画に関わるパラメータの調整が可能になる、もしくは単一データ・モデルの導入によりサプライチェーン全体のシナリオ・モデリングが可能になるなど、飛躍的な進化が見られる。確かにこの組み合わせは非常に有効で、サプライチェーン計画機能の同期化を実現することができる。ただし、この状態を達成するためには、いくつかの基本的な要素を実現する必要がある。

◉─────**直列型の計画からコンカレント計画への移行**

　伝統的なサプライチェーン思考とは、週次、月次、四半期単位の直列型の計画策定を指す。これは主に、情報を収集、調整、比較し、シナリオ分析を通じて最適な意思決定をするのに時間がかかったという歴史的経緯に起因する。一方、コンカレント計画のコンセプトは、直列型の計画から問題発生時に「ほぼリアルタイム」で問題を解決する同時進行型計画・対応への移行を意味する。コンカレント計画は、テクノロジー、データ保管、メモリー処理の革新により可能になっている。コンカレン

ト計画では、計画担当者がサプライチェーン上のパフォーマンスを継続的にモニタリングし、サプライチェーン上の関連部門・企業と連携し、収益向上に向けたサプライチェーン計画の調整をほぼリアルタイムにて実施することができる。コンカレント計画では、共通のデータ・モデルを使用してリアルタイム、もしくはほぼリアルタイムにて情報交換をし、需給計画を統合して供給リードタイムを短縮することができる。計画担当者は、計画期間内の戦略的意思決定を共有・同期化し、戦術レベルの計画や運用計画に落とし込むことができる。

　コンカレント計画モデルは、従来のサイロ化された組織の機能・役割の見直しも必要になる。例えば、従来の需要予測、供給計画、調達計画ごとの計画担当者に代わり、バリューチェーン全体の計画を見るネットワーク・プランナーが必要となる。ネットワーク・プランナーは、部門間横断で計画策定を行うため、サイロ型のサプライチェーン計画機能を縮小することができるようになる。このコンカレント計画モデルは、従来の計画人材モデルを変革する重要な概念となる。

◉──── リアルタイム・デジタルツインおよび知能を活用したシンクロナイズド・プロセスモデル

　バリューチェーンにおけるリアルタイムのデジタルツインは、物理的なサプライチェーンの仮想空間と位置付けられる。この仮想空間を利用して、過去データを使った企業全体のプロセス・モデルを作成し、予測アナリティクスや処方アナリティクスを用いて戦略的・戦術的変更のインパクトを考慮した意思決定を行う。つまり、仮想空間上で物理的世界を再現し、計画変更をモデル化して、リアルタイムでボトムアップ式のコストへの影響分析やサプライチェーン全体計画を再現した意思決定の財務へのインパクト予測をインサイトとして提供することができる。サプライチェーン自体が学習し、自己改善を行うことの意味合いは非常に大きいと言える。サプライネットワークのデジタルツインと機械学習や

人工知能を組み合わせることで、組織がサプライチェーンを育てることができるようになる。結果として、サプライチェーン自体が最適化に向けたさまざまな方法を試し、実際のマーケットから学習し、ユーザーへ改善を提言できるようになる。この基本的要素は、シンクロナイズド・プランニングにおける運用方法を一変させることになる。

　シンクロナイズド・プランニングは、既存のインフラやアプリケーションに加えて、認知技術や機械学習を活用した人間のアクションや判断を再現するプログラムによって実現される。AI は自動化によってリソースの効率性を高め、処理結果の蓄積から学習することでプロセスの有効性を向上させる。

　例えば、ある大手飲料メーカーでは、7 階層の可視化画面を備えたコントロールタワーおよび AI アルゴリズムによるデジタル・バリューチェーンを構築し、在庫切れを防止している。このデジタル・バリューチェーンは、リアルタイム情報を使用して実際のバリューチェーンのシミュレーションや学習を行い、計画担当者が実行すべきアクションを支援している。

DSN およびシンクロナイズド・プランニングのサプライネットワーク設計

　従来、企業は主要イベントもしくはサプライネットワークの変更時にネットワーク戦略を見直してきた。世界がより動的かつ相互接続されるにつれ、企業が計画頻度を高めるのみならず、ネットワークの設計や最適化の範囲も広げる必要性が問われている。シンクロナイズド・プランニングにおいて、サプライネットワーク上で何が起きるかを常に検知・予測するためのネットワーク・モデルを有効化することで、動的にサプライネットワークの調整を図ることが求められる。

　まず最初に、戦略を見ていこう。現在のサプライチェーンにおける戦

略策定方法は、シンクロナイズド・プランニングにおいても変わらない。変わるのは、戦略の見直しをリアルタイムで行うことができる点である。例えば、ある期間の需要の予実偏差をベースに、安全在庫を加味したストックポイントを設定する。シンクロナイズド・プランニングにおいては、認知技術と需要変動分析（デマンド・センシング）を用いて安全在庫に関する推奨値と調整を行い、かつ在庫をどこにどれだけ配置すればいいかを推奨し、サプライネットワークの動的な調整を促す。

サプライチェーン全体の計画モデル

シンクロナイズド・プランニングにより、サプライチェーン全体を1つのエコシステムとして管理することができる。**図3-2**に示す通り、サプライチェーン全体の計画モデルでは、社内各機能と、顧客、消費者、サプライヤー、委託製造業者などの社外関係者が含まれる。包括的アプローチで計画を策定することにより、企業はサプライチェーンのパフォーマンスを次のレベルへ向上させることが可能となる。これを可能にするのが、3つの計画要素、すなわち、コラボレーティブ・デマンド・センシング、インターナル・シンクロナイゼーション、コラボレーティブ・サ

図3-2：サプライチェーン全体の計画モデル

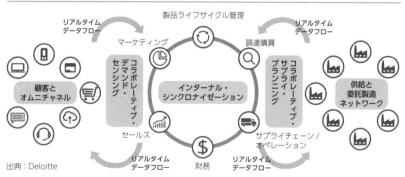

出典：Deloitte

プライ・プランニングの考え方である。

コラボレーティブ・デマンド・センシング：シンクロナイズド・プランニングにおける本計画要素の目的は、過去実績、顧客の認識、環境要因などのさまざまな因子を感知するデータ・サイエンス手法を用いて、製品やサービスに対するベースライン需要を設定することである。このベースライン需要の精度は、過去の計画担当者の判断から継続的に学習して判断の補正を繰り返すことにより、高められる。ベースライン需要レベルが設定されると、後は AI が需要パターンから最適にモデル化する方法を学習、予測、認知していく。

インターナル・シンクロナイゼーション：本計画要素では、財務計画、戦略計画、運用計画をシームレスに統合し、売上・利益に影響する共通の目標に対して、組織内の全機能を整合させることができる。この企業内におけるシンクロナイゼーションにより、シンクロナイズド・プランニング・モデルを支える単一データ層を活用して、エコシステムを構成するすべての関係者からのシグナルを常に感知することができる。ここでは、人間とコンピュータがサプライチェーン上の製品の再配置や移動を動的に操作する。最終的な目的としては、生産能力、在庫配置、労務計画などすべてのリソース制約を加味したコンカレント計画を通じて、経済的に最適な生産・在庫レベルを見つけることである。

コラボレーティブ・サプライ・プランニング：本計画要素では、サプライヤー、委託製造業者、およびその他製品供給関連企業を統合することが目的となる。これら外部企業が社内リソースとしてモデル化され、情報交換が適切に設定された場合、シンクロナイズド・プランニングのプロセスとして必要不可欠な役割となる。これにより、需要と供給がリンクし、サプライヤーの供給能力および消費者シグナルがサプライヤーに及ぼす影響の相関関係が効果的に可視化されることになる。

　例として、消費者の嗜好に関するインサイトを活用して、特定の地域や季節における最適な種類のオレンジ購入を判断しているグローバル飲料企業が挙げられる。

シンクロナイズド・プランニングの利点

　計画立案をシンクロナイズすることの最も重要な利点の1つは、従来のS&OPサイクルを変革することだ。今日では、組織はさまざまなレベルと機能で複数の計画（財務、オペレーション、販売、商取引）を駆使してビジネスの見通しを計画するため、最適とは言えない意思決定や利害関係者間の目標の不整合が生じている。シンクロナイズされた計画立案では、組織は戦略目標、財務目標、戦術的なオペレーション計画をシームレスかつ同時に統合することができる。これは、バリューチェーン全体にわたるほぼリアルタイムのコラボレーションによって実現され、情報の対称性と処理の待ち時間をうまく活用することによってサイクル・タイムを短縮できる。このように、バリューチェーンはパフォーマンス計画を機能横断的に調整することで、意思決定を迅速かつ的確に行い、企業価値、収益の増加、営業利益率、資産効率を向上させることができる。

　計画をシンクロナイズすることのもう1つの大きな利点は、バリューチェーンを介した商品の移動を自動的に調整し、潜在的な問題が検出されたときに修正を行えることだ。ここで重要なのは、何らかの行動を起こす前に、さまざまなシナリオを作成して評価することによって、結果を予測する能力である。これらのシナリオはすべて、サプライネットワークを仮想世界に再現したデジタルツインで実行できる。シナリオを作成することで、ユーザーがビジネス上の変化点を再現して、供給、需要および製品にわたって最適な解決策を見つけることができる。これらの解決策をシミュレートして影響を評価し、スコアカードを用いてシナリ

オをランク付けして、シナリオが企業の KPI および目標に沿っていることを確認する。これにより企業は、意思決定の影響を動的に再計画し、評価できる。時間の経過とともに、サプライチェーン・マネージャーは、どの解決策が有効なのかが分かってくるため一部の意思決定を自動化でき、結果として意思決定の効率と精度が向上する。

　サプライネットワークのデジタルツインと機械学習および人工知能の使用は、企業にとって非常に強力なプラットフォームとなる。このプラットフォームを使用すると、計画に対する変更の財務的な分析と、制御可能な要因と制御不可能な要因による財務への影響を、ほぼリアルタイムで分析できるようになる。さらに、SKU の開発中に総コストを予測できるため、製品開発サイクルタイムが短縮される。さらに重要なのは、SKU の複雑さの増大、原材料供給との連携、および販売チャネルのオムニ化などによる複雑化によってもたらされる総コストの影響を企業が判断できるようになることだ。

　もう 1 つの利点は、どのオーダーがどの供給に関連付けられているかを理解できるため、計画担当者が供給回答の変更によって影響を受ける可能性のある顧客オーダーを判別できることだ。さらに、特定の需要または供給オーダーを満たすために必要な、すべての構成部品の供給状況を可視化できる。生産ラインが停止するシナリオを例に挙げる。ほとんどのライン停止は計画外のイベントであり、合意されたオペレーション計画からの逸脱である。この生産能力ロスを検出すると、計画担当者またはコンピュータ（もしくはその両方）にアラートが発行され、在庫レベルをチェックして影響を判断し、別の生産ラインまたは生産施設への生産計画のシフト、原材料または構成部品の再配置、供給が中断されないように緊急輸送を手配するなど、いくつかの是正措置を開始できる。生産ライン停止時の再計画方法を決定する際のもう 1 つの重要な考慮事項は、計画担当者が利益率の低い商品の生産を優先し、利益率が高いまたは戦略的な商品の生産を優先せず、生産能力を無駄に使用してしまうことだ。同様に、製品の供給が不足している場合やアロケーションが必要

な状況になっている場合にも、戦略的な顧客／商品の組み合わせをどうするかの意思決定が生じることがある。

シンクロナイズド・プランニングを有効活用する

　図3-3 は、一般的なグローバルなマルチマトリックス組織を示している。システムへの複数のインプットが存在し、組織の複数の機能にわたって使用される。これらのインプットが取り込まれ、プロセスや取り組みが実行されることで、企業の他の活動につながるシグナルが作成される。これらのパターンは、構造化されたもの、構造化されていないもの、体系立てられたもの、またはアドホックなものである可能性があるため、複合的な効果として、ノイズに満ちた無秩序なシステムができあがる。このノイズは、Eメールトラフィック、電話、会話、および通常は付加価値のない多くのさまざまなアクティビティによって発生し、生産性の低下につながる。

　図3-4 は、同じ会社がシンクロナイズド・プランニングを有効活用した状態を示している。ここでは、シグナルは必要とされるすべてのアクター（計画に関わる担当者）によって取り込まれて使用されるものの、それらは体系立てられて会社全体に配信され、効果的かつ効率的な相互作用の引き金となる。これは、次に挙げる特性の複合的な効果としてもたらされる。

意思決定支援レイヤー：単一かつ共通のコグニティブ・デジタル・データと意思決定支援レイヤーは、すべての会社をつなぐサプライチェーン全体のエコシステムを横断する。すべての会社からのシグナルはこのレイヤーに取り込まれ、定義済みのルールに基づいて全社間で共有される。エコシステム内の会社は相互にやり取りおよび、コミュニケーションを

図 3-3：一般的なマルチマトリックス組織の状態

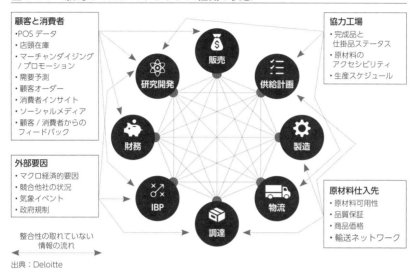

顧客と消費者
・POS データ
・店頭在庫
・マーチャンダイジング
　/プロモーション
・需要予測
・顧客オーダー
・消費者インサイト
・ソーシャルメディア
・顧客/消費者からの
　フィードバック

協力工場
・完成品と
　仕掛品ステータス
・原材料の
　アクセシビリティ
・生産スケジュール

外部要因
・マクロ経済的要因
・競合他社の状況
・気象イベント
・政府規制

原材料仕入先
・原材料可用性
・品質保証
・商品価格
・輸送ネットワーク

整合性の取れていない
情報の流れ

出典：Deloitte

図 3-4：シンクロナイズド・プランニングの状態

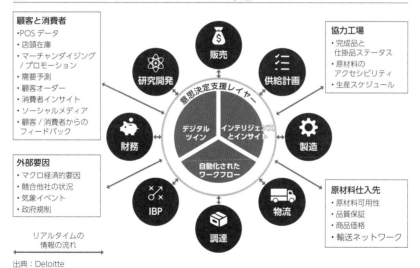

顧客と消費者
・POS データ
・店頭在庫
・マーチャンダイジング
　/プロモーション
・需要予測
・顧客オーダー
・消費者インサイト
・ソーシャルメディア
・顧客/消費者からの
　フィードバック

協力工場
・完成品と
　仕掛品ステータス
・原材料の
　アクセシビリティ
・生産スケジュール

外部要因
・マクロ経済的要因
・競合他社の状況
・気象イベント
・政府規制

原材料仕入先
・原材料可用性
・品質保証
・商品価格
・輸送ネットワーク

リアルタイムの
情報の流れ

出典：Deloitte

取ることができ、すべての会社が計画と実行に関する同じバージョンを正として使用する。

データに対するリアルタイムの応答：AI および ML 対応のボットを使用し、変化やエコシステムからのシグナルを感知することで、常に変化を検出して対応できる。場合によっては、これらのボットは ERP やプランニング・システムのマスタデータとやり取りし、観測されたパターンやイベントに基づいてデータを更新することができる。これにより「自己修正する」サプライチェーンを実現することができ、より良い実行結果が得られる。

自動化されたワークフロー：インテリジェントで自動化されたワークフローにルールと作業手順を設定し、自動的な更新によりユーザー同士の協働を促す。潜在的な需要 / 供給バランスの問題が、大きな問題に発展する前に解決できていることが例として挙げられる。

集約された「エンタープライズ・ブレイン」：企業のインテリジェンスとインサイトの中心として機能し、バリューチェーン全体の最適化問題を解決するための強力なアルゴリズムのライブラリを格納する、共通の「エンタープライズ・ブレイン」。一部の企業は、数学的なアルゴリズムを使って需要と供給の両方の問題を解決できることに気づき始めている。皆が使用できる数学的なアルゴリズを設定することで、組織は企業全体にアナリティクスを適用できるようになる。

デジタルツイン：サプライチェーン・ネットワークのデジタルツインを用いて、物理的な現実世界に働きかける前に、あらゆる意思決定をシミュレートする。これは、シンクロナイズド・プランニングの最も重要な側面の1つであり、現状を打破する最も大きな機会となるものだ。企業全体をモデル化し、意思決定が行われる前に影響を把握できれば、コンピ

ュータと分析をあらゆる問題に適用し、ソリューションが完成するまでデジタルツインでテストすることができる。時間の経過とともに、ユーザーは既知の成功確率に基づいて自動で意思決定を行うことができる。

シンクロナイズド・プランニングについて組織面で考慮すべきこと

シンクロナイズド・プランニングができるようになるためには、プランナーの職責と必要なスキルセット（プランナーに必要なスキル、タスクおよびロール）について、特定のタスクへの集中型からマルチタスク型へのシフトが伴う。例えば、一つのタスクの達人から多くの仕事をこなす人へのシフト、情報収集から根本原因の分析と最適化へのシフト、個々の部門別 KPI への集中から組織全体で共有された KPI へのシフト、部門長への報告からマトリックス型の報告へのシフト。多くのスマートテクノロジーと同様に、多くの人は AI とロボットが人間と共存する時が来ることを思い描いている。

サプライチェーン計画は常に分析的な洞察と反応に根ざしている。将来のネットワークプランナーには、現在とは異なるスキルセットが必要になる可能性があるが、コアスキルは根本的に異なるものではない。役割は、分析的な洞察と積極的なアクションにより戦略的に必達の事柄を達成することを、より重視するように進化する可能性が高い。ルーチンタスクと反復的なタスクは、ロボットオートメーション、コグニティブ分析エンジン、またはその両方の組み合わせによって実施されることになる。テクノロジーは多くのサプライチェーン計画機能において高度な分析処理と思考に貢献しているが、コミュニケーション、共感、直感、データの文脈化、解釈、質問の能力など、個々人がもつ本質的な人間性を置き換えるものではない。つまり、個人の反復的なタスクの負荷を軽減したり、デジタル機能を活用して複雑なタスクを処理することができ

るため、新たなケイパビリティが従業員に求められる可能性がある。やはり、人間と機械が密接に協働するためには、従業員は新しいスキルと新しいオペレーション方法を学ぶ必要がある。

　従来、プランナーはそのツールがなぜそのような推奨案を提示するのかを理解せずにツールを使用していた。計画担当者としての知識に頼って経験則で意思決定を行うのだろう。これらの決定は最適ではなかったかもしれないが、従業員たちはどのようにしてこの決定に至ったかを知っていた。ほとんどの企業にとっての潜在的なギャップは、高度なアルゴリズムエンジンが役に立たないということではなく、新しい技術をユーザーが採用する際の課題や、推奨案がどのように生成されるかを十分に理解していないことにある。このため、システムが推奨案を作成するのみならず、ほとんどの意思決定を下す、いわゆる「ブラックボックス」人工知能の採用には必然的に課題が生じる。とある推奨案が提示された理由を理解するプランナーの能力が重要になる。

　そのような能力を身につければ、最終的にサプライチェーン全体の透明性を提供するコネクテッド・プランニング・コミュニティは、従業員がサプライネットワーク全体の利害関係者（異なるチャネルや地域のサプライヤー、顧客、ビジネスパートナー）と協力できるようにする。

◉────**古いロールと新しいロール**

　シンクロナイズド・プランニングを最大限に活用するには、組織は従業員の役割、責任、および考え方を、戦略的イニシアチブにより集中させて変革する必要がある。

　従来、企業は**表3-1**に示すように、需要／供給計画チーム内でチームを4つの主要な役割に編成していたが、これらの役割はシンクロナイズド・プランニングにおいて、**表3-2**に示すように変化する。

表 3-1：需要 / 供給計画チームの従来の役割

需要計画 マネージャー	供給計画 マネージャー	マスタ / トランザクション データリード	物流・ オペレーション
・需要計画担当者 ・予測とモデリング 　リード ・市場調査アナリスト	・供給計画担当者 ・在庫計画担当者 ・カテゴリーおよび 　アロケーション 　担当者 ・調達アナリスト	・ビジネスアナリスト ・マスタ / 　トランザクション 　データアナリスト	・フルフィルメント 　担当者 ・生産計画担当者

出典：Deloitte

表 3-2：シンクロナイズド・プランニングにおける新しい役割

コネクテッド プランナー	データレイク メンテナンス	アルゴリズム メンテナンス	AI と ML
・需要と供給の管理	・構造化/非構造化デー 　タを管理し、データ 　の整合性を維持	・アウトソースまたは 　SaaS プロバイダによ 　り提供	・ツール開発、全体戦 　略、データの可視化 　をリード

出典：Deloitte

⦿─────テクノロジーについて考慮すべきこと

　ここではシンクロナイズド・プランニングへの移行に必要とされるテクノロジー・プラットフォームを企業が評価する際に、いくつか考慮すべき要素を示す。

ヒューリスティック計画エンジンと最適化計画エンジンの比較：最適化とヒューリスティックなソリューションの目的は同じで、特定のサプライチェーンの問題に最適な解を提供することだが、その結果は大きく異なる。ヒューリスティクスは、プランナーがある程度の解を早く得られることを求めている一方、例えば可能な限り低いコストでサービスを最大化するような最適解を必ずしも求めていない場合に適している。最適

化ははるかに強力だが、理解、運用、および解釈のいずれにおいてもより複雑である。さらに、構築には時間とリソースがかかる。最終的に、選択された方法は、特定のレベルの精度と、組織が求める「最善の総合的解決策」を備えた、ヒューリスティクスと最適化を組み合わせたものになるだろう。

需要/供給計画の優先順位付けの機能要件： 一部の機能要件は市販のソリューションで標準化されているが、その他の部分には大掛かりなコンフィギュレーションが必要で、実装のスケジュールに影響を与えるものもある。SKU のポートフォリオが広範で、供給ネットワークが複雑で供給キャパシティが限られている一部の業界では、供給の複雑さを解決することが全体的なスピードと利益の最大化に最も重要である。他の業界では、需要の複雑さを解決することにより重きが置かれ、多数の変数に対処し、分析し、取り込むことができることが最も重要である。一部の業界では、需要の優先順位付けと供給の複雑さの計画の両方が必要になる場合がある。組織は、需要と供給の両方に対するこれらの要件の複雑さを理解し、市販のソリューションと、これらの要件に対応するためにカスタマイズされた自社向けの追加開発の可能性との間で、フィット＆ギャップを実施する必要がある。

明確かつはっきりと定義されたユースケース： ベンダーが企業固有のビジネス・ニーズを解決するソリューション能力を証明できるようにするには、効果的なユースケースが不可欠だ。必要な時間をかけて、戦略とプロセスの観点からあるべき姿は何か、そして将来にわたってどのように価値を提供する必要があるかを特定することが重要である。組織が時間をかけてこれを正しく行うと、リーダーは組織内で価値を提供することに真に結びつく、極めて関連性の高いユースケースを明確にすることができる。これらのユースケースを使用することで、レポート期間ごとに価値を実現するダイナミックな変革のロードマップを作成し、組織の

経営陣とともに勢いを維持することができる。

　適切なテクノロジー（場合によってはテクノロジーベンダー）を選択するにあたって、考慮すべきオプションを絞り込むのに役立ついくつかの戦略的なポイントがある。

- コンカレントプランニングによってサプライチェーン全体の可視性を向上させるソリューションを探しているか
- 特定の需要、供給、およびその他の高度な計画ソリューション分野において、機能的な卓越性を強化する必要があるか
- 計画能力における「ホワイトスペース」に対処する必要があるか
- 特定の要件に対応するために、高度なアナリティクス・ツールを使用して既存のソリューションを強化する必要があるか

　これらの質問を考慮することで、企業はロードマップの中でテクノロジーに対するさまざまなニーズを診断、評価することができる。現在では、その成り立ちに基づく持ち前の強みがあり、比較的容易にコンフィグできる複数のパッケージやソリューションがある。さらに重要なことは、コンピューティングやデータ処理、デジタルテクノロジーの進歩によって、企業が独自のソリューションを開発することが可能になったことである。複数年の開発が行われていた時代は過去のものであり、企業は今では四半期単位のスプリントで容易に価値を提供できる。これは、計画能力を変革する企業にとって、テクノロジーによる実現性の観点から選択の可能性を大いに拓くものである。

まとめ

　シンクロナイズド・プランニングは、すでに到達可能な目的地である。成熟したシンクロナイズド・プランニングを目標とする企業の能力は、プロセス、人材、テクノロジー、データの観点から非常に現実的なものである。人間の知能をコンピュータで拡張するという概念は、真に変革的であり、パラダイムを打破し、新しい現実を作り出すことを可能にする。鍵となるのは、必要とされる高度なレベルを推進するために必要な利害関係者の調整である。最終的に企業は、達成したいパフォーマンスのレベルと、いつ達成したいかを決定する必要がある。組織は、最終的に目指すビジョンを定義し、自らの現状の能力を徹底的に診断し、望むタイムラインでゴールを達成するためにはどのような変更を計画ロードマップに加える必要があるかを評価しなければならない。究極的には、自分がどこに行きたいのかを理解し、そこに到達するために積極的な投資を行う組織は、内部的にも外部的にもシンクロナイズしながらより高いレベルでパフォーマンスを発揮できるようになるだろう。

日本の見解

　シンクロナイズド・プランニングとは、平たく言うと「サプライチェーン・ネットワーク上のすべてのステークホルダー（ディーラー、販社、物流業者、製造委託業者、サプライヤー等）とデータで接続されており、常に同期化された単一の計画策定・実行が可能な状態」を指す。

　この状態とは、従来の月次・週次の運用サイクルを待つことな

く、計画と実行が同時に行われるほぼリアルタイムな状態の中で運用や意思決定ができることを意味する。

このシンクロナイズド・プランニングを可能とするのが、人工知能（AI）、機械学習（ML）、ロボティクス、コグニティブ・オートメーション（CA）などの技術の活用である。

これらの技術を有効に活用するために求められる基本要素として、コンカレント計画、リアルタイム・デジタルツイン、AI/MLを活用したプロセスモデルの実現が挙げられる。

コンカレント計画では、従来の直列型の計画から、問題発生時にほぼリアルタイムで問題を解決する同時進行型計画・対応が可能となる。これにより、従来の計画・実行サイクル・タイムを大幅に短縮することが可能となる。

リアルタイム・デジタルツインでは、物理的なサプライチェーンの仮想空間を活用し、計画変更をモデル化して、リアルタイムでボトムアップ式のコストへの影響分析や、サプライチェーン全体計画を再現した意思決定の財務へのインパクト予測をインサイトとして提供することが可能となる。

AI/ML を活用したプロセスモデルでは、上記のリアルタイム・デジタルツインによるシミュレーションを通じて、サプライチェーン自体が学習し、自己改善を行うことが可能となる。

つまり、これらのシンクロナイズド・プランニングに必要な基本要素を実現した暁には、企業は目まぐるしく変化する顧客ニーズや市場動向を素早く感知し、その影響を仮想空間でシミュレートし、どのようなアクションが必要かをシステムが提言する内容に基づき判断・意思決定し、迅速に計画の変更や実行に移せることを示唆している。

また、シンクロナイズド・プランニングの世界では、プランナ

一に求められるケイパビリティや働き方も変化することになるだろう。人間とシステムが有機的に協働する環境となるため、反復的なルーチンタスクや複雑かつ高度な分析タスクはシステムに任せ、プランナーは分析から得られたインサイトの解釈と適切な実行への落とし込みなど、より戦略的なタスクへのシフトが求められることになる。

　シンクロナイズド・プランニングの世界は、決して遠い未来の話ではなく、足元で起こっている世界の潮流である。主要な計画系ソリューションを見てみると、AI/ML 等の技術を組み込んでいないソリューションは皆無である。例えば、需要計画では、従来過去実績をベースに統計的需要予測を算出するソリューションが一般的であったが、現在は複数外部パラメータを取り込んで、AI による相関分析を行い、需要予測に反映する機能が当たり前のように存在する。もっと身近な例で言うと、AI/ML 技術を活用した自動翻訳ソフトの飛躍的な精度向上が挙げられる。実感された方も多いことと推測する。

　海外ではシンクロナイズド・プランニングのコンセプトをいち早く取り入れ、競争力を高めようとする企業が増えている一方、日本の製造業ではこのような動きが加速しているとは言えず、海外の先進企業に比べて後れを取っているというのが実情だ。
　日本では未だに 20 年前に策定されたオペレーションルールやプロセスに則り、経験豊富な担当者による属人的なプランニング業務を行っている企業が多く、S&OP の考え方は理解しているものの、実際のオペレーションにまで落とし込めている企業は少ない。
　また、日本の製造業の中には、長い時間とコストをかけて構築してきたレガシーシステムを使用しているケースも多く見られる。

突発的な顧客の要望にも対応できるよう企業ごとにカスタマイズされた機能を有し、それが各企業の競争の源泉になっているケースも多いため、新しいビジネスやイノベーションの創出、それを支えるシステムの刷新に向けた投資に積極的になれないという実態も根強く残っているのではと推察される。

さらに、レガシーシステムは度重なる改修などを経て複雑になり、システム維持費の増大やブラックボックス化といった問題をはらんでいる。また、経験豊富な計画担当者のノウハウが体系化・システム化されておらず、次世代の計画担当者へ持続可能な形で引き継げないという話もよく耳にする。

昨今、世界中の企業でDXの推進が進む中で、日本のサプライチェーンは未だ旧態依然とした状況が続いていると言わざるをえない。これは、今まで日本のモノづくりをリードしてきた企業文化、すなわち顧客第一主義、現場主導による改善、過剰な品質要求などが影響していると思われる。これら日本企業が長年培ってきた企業文化を否定するものではないが、新しいビジネスへのシフトやそれを支えるサプライチェーンのDX改革を推進する場合、従来のボトムアップ方式の改革では限界があると考える。

今後の日本企業に求められるのは、目まぐるしく変化する顧客の嗜好やニーズへの素早い対応およびハイスピードで進歩しているデジタル技術の活用を通じたビジネスモデル自体の見直し・アジャストメントである。そのためには、トップマネジメント主導による新ビジネスへのパラダイムシフトが必要であり、それを支える全社視点によるDX改革の推進も必要となる。デジタル技術の飛躍的な進歩により、コンカレント・プランニングやデジタルツインを活用した即時シミュレーションが可能となっている現在、市場や顧客の変化を素早く捉えてサプライチェーンを構成するエ

コシステム全体に需給連鎖として計画・情報をリアルタイムに連動させてアクションにつなげることが企業の競争力の源泉となるであろう。

　これはつまり、シンクロナイズド・プランニングへのシフトに他ならず、DX を通じた新しいビジネス形態へのシフトおよびそれを支えるサプライネットワークの再構築を迅速になしえた企業が、今後の日本のモノづくりやビジネスをリードしていくことになるだろう。

　一方、サプライチェーンの DX 改革を推進する上では、組織・機能面での見直しが必要となるが、日本企業の場合は人や組織までメスを入れられない場合が多い。従来の機能単位のサイロ型オペレーションから、プロセス全体を見渡したプロセスに変化させるためには、計画担当者がサプライチェーン全体を俯瞰できる知識や業務経験を備えること、および計画組織が需要と供給部門を跨いで調整する権限をもつことが必要になる。統計学や AI、シンクロナイズド・プランニングに関するテクノロジー知見などの専門知識をもつ人材を継続的に社内で育成する仕組みづくりも欠かせない。

　まとめると、トップダウンによる新ビジネスへのパラダイムシフトおよびサプライチェーン DX 改革の推進と、その運用をつかさどる計画組織・機能の見直し、およびテクノロジー知見や専門知識を有する人材の継続的な育成・確保が今後のシンクロナイズド・プランニングの実現に必要な要素となる。そのためには、5 ～ 10 年後のあるべき姿を定義し、その実現に向けたステップ別ロードマップを策定して、まずはスモールスタートとして改革の一歩を踏み出すことが重要となる。

第 4 章

デジタル製品開発

　これまで述べてきたデジタルサプライネットワーク（DSN）の中核となるのは、顧客に価値を提供する製品やサービスが常である。新たなデジタル技術の出現により、新製品や新サービスの開発の在り方も変化している。本章では、昨今の DX が新製品や新サービスの開発にどのような影響を与えるかについて、その開発プロセスのデジタル化に焦点を当てて論じる。製品そのものであるスマート製品（スマートコネクテッドプロダクト）の概念を紹介する前に、世界中で確立されつつあるデジタル設計チームのためのコラボレーションツールについて触れたい。また、本章の最後では、さまざまな製品とサービスにおいてプロダクトサービスシステム（PSS）化と更なるサービス化が重視される方向となっており、企業をサブスクリプションビジネスと非所有型ビジネスモデルの方向へと向かわせていることを概観する。

　DX が DSN におけるビジネスのあらゆる面に多大な影響を与えるという考えに反対する人はごく少数と思われる。デジタル製品開発とは、次の 2 つの特徴をもった製品を開発・管理するための新しい方法である。

- カスタマーエクスペリエンスに対しレスポンシブな製品
- リアルタイムデータ、革新的技術、アジャイルなイノベーションによって変革する製品

　デジタル製品開発は、デジタルな製品ライフサイクルマネジメント（PLM）と連動する。なぜなら、製品開発データのデジタルスレッドが重要な要素であるためである。DSN の世界で製品やサービスを開発する方法の大きな変化は、次の関連する 3 つの要素にさかのぼることができる。（1）コラボレーションツールによって多様で分散した効果的なチーム設計が可能になること（2）ライフサイクルを通じてインサイトを提供するスマート製品が出現したこと（3）製品の利用データとそのデータ分析に基づく製品と関連サービスの統合が進むこと。

SCMにおける
トラディショナルな新製品開発

　新製品開発プロセスは、従来、OEM（Original Equipment Manufacturer）またはサプライチェーンの主要組織が中心であった。このプロセスにはかなりの時間がかかり、タイム・トゥ・マーケットは計画よりも長くなる傾向がある。この長いリードタイムの理由には、断絶された組織によるコラボレーションとサプライチェーンプロセスの非接続性が含まれる。タイム・トゥ・マーケットと顧客要求の変化を迅速に把握して新製品を提供する能力、この2つが企業やサプライチェーンにとって重要になる中で、トラディショナルな製品開発プロセスは一定の責任は果たしてはいる。

　トラディショナルなアプローチは、さまざまな業界のさまざまな新製品開発プロセスフレームワークや組織図に表れている。例えば、サプライチェーン領域で一般的に使われているモデルとして、デザインチェーンオペレーション参照モデル（DCOR: Design Chain Operations Reference）がある。この参照モデルは、サプライチェーンオペレーション参照モデル（SCOR: Supply Chain Operations Reference）と同等の情報を提供する。DCORモデルは、新製品開発プロセスを次のプロセスステップで表現している。そのステップは、デザインチェーンの計画（P-DC）、研究（R）、開発（D）、統合（I）、修正（A）からなる。DCORモデルの目的は、新製品開発それ自体ではなく、コラボレイティブなサプライチェーン全体にわたる開発プロセスのマネジメントであることに注意する必要がある。タスクの複雑さを考慮しても、これには明らかなメリットがあるが、この階層構造は、適応性、拡張性、機敏性に優れたDSNの概念とは正反対である。

　DX化された来るべき未来のDSNは、DCORのような分断された開発プロセスと比較すると、特に製品に関わるあらゆる情報との接続性と

タイム・トゥ・マーケットの観点で異なる特徴を有する。次のセクションでは、DSNの実現技術を軸に、新たなデジタル製品開発プロセスを紹介する。

デジタル新製品 &サービス開発プロセス

　新製品開発プロセスはNPD（New Product Development）プロセスと言われ、近年ではサービス開発も含みNPSD（New Product Service Development）プロセスと言われる。このNPSDプロセスにはさまざまなバリエーションがあり、4〜8つの異なるステージで構成されているが、ほとんどのプロセスモデルは、コンセプト、デザイン、デリバリーという3つのフェーズに要約できる（**図4-1**）。この章では、NPSDプロセスのそれぞれの詳細な側面について説明するのではなく、各フェーズにおけるDXの影響による革新的変化を説明する。

コンセプト：コンセプトフェーズでは、市場、市場機会、ステークホルダー、要件把握に重点を置く。さらに、さまざまな企画やアイデアがどのように評価され、最終的に選択されるか、チームの構築やコラボレー

図4-1：デジタル新製品（およびサービス）開発（NPSD）

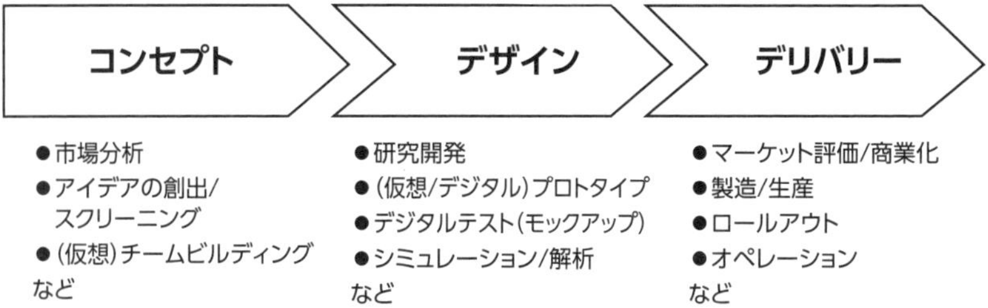

コンセプト	デザイン	デリバリー
●市場分析 ●アイデアの創出/スクリーニング ●（仮想）チームビルディング など	●研究開発 ●（仮想/デジタル）プロトタイプ ●デジタルテスト(モックアップ) ●シミュレーション/解析 など	●マーケット評価/商業化 ●製造/生産 ●ロールアウト ●オペレーション など

ションについても説明する。これらすべては、デジタル化とデジタル技術によって影響を受ける。大量の市場データおよび実績データへのアクセスは、要件の抽出、正確性と品質向上、および市場のより良い理解を促進する。製品・サービス開発のための革新的なコンセプトや、顧客との共創やリビングラボなどによるコンセプト評価は、デジタル技術を大規模に活用することによってのみ可能である。

デザイン：デザインフェーズは、デジタル技術によってより変革される傾向がある。要件と実データに基づく自動設計、デジタルテストとシミュレーション（モックアップ）、デジタル／バーチャルプロトタイピング、そして複雑なデータに基づく柔軟なコストモデリングは、IoT や AI、ソーシャルメディアの導入によって大きく変化することの一部にすぎない。副次的な効果として、現在の伝統的産業がスタートアップした時と同様の起業家精神が醸成される。

デリバリー：最終段階であるデリバリーフェーズには、すべての商業化活動と、製品の生産およびサービスの納入が含まれる。製品とサービスがより密接に関連し連携されるようになると、製品の運用がますます重要になる。DSN の NPSD 関係者は、新しい現実に適応し、製品の納入後は忘れてしまうという従来の考えとは異なる、真に顧客のニーズを満たすためのさまざまな要件を反映する必要がある。これらの新しいビジネスモデルが持続可能であるためには、データへのアクセスとそこからの正しい洞察が不可欠である。デジタル化された予知保全は、メーカーが運営する機器を長期的にユーザーとメーカーの双方にとって Win-Win とするために必要なツールの例である。

DSN における
デジタル製品開発のケイパビリティ

　新しいデジタル製品開発プロセスは、顧客とのつながり方の在りようをより個々人をベースにしたものへ変え、市場投入までの時間を大幅に短縮することを約束する。これらの利点に加えて、DSN の DX 化によって可能になる 8 つのケイパビリティがある。**図 4-2** では、これら 8 つの重要なデジタル製品開発のケイパビリティについて概要を説明する。注意しなければならないのは、これらは特徴的なケースを示したものであり、特定の状況下では他にもいくつかのものがあることである。

コラボレーションツールと
デジタルデザインチーム

　DSN で想定しているデジタル製品開発はデジタル環境を活用した共同作業であり、ほとんどの場合、世界中に散らばるさまざまな関係者が関与する。これにより、異なるタイムゾーンを活用して開発チームが事実上 24 時間 365 日作業できること、世界最高の専門家を柔軟に巻き込むことで十分な文化的洞察を得られること、また低賃金の拠点を活用することによるコスト面のメリットを獲得できることなど、多くの利点がもたらされる。一方で、分散したチームでの共同作業はその複雑さからマネジメントが難しいということに加え、顔を合わせないことによる誤解や衝突の可能性もある。それゆえ、効果的なデジタルツールがなければ、このようなコラボレーションは不可能である。

　テクノロジー面では、包括的な製品ライフサイクルマネジメント（PLM）システムによって管理される数値の連鎖と製品要件定義、モデルベース製品定義、モデルベース製造定義といったデジタルスレッドが、

図 4-2：新しい働き方：デジタル製品開発ケイパビリティ

1 モデルベースの製品定義
形状・取り付けといった三次元ジオメトリだけでなく、機能、製造、パフォーマンスに関わる製品のコンテキストを3Dデータの属性情報等によりモデリングすることが可能

2 リアルタイムコラボレーション
最新の製品定義情報をコピーすることなく、シングルライブインスタンスでバリューチェーン全体にて共有することにより、設計の引き継ぎ作業を排除し、反復を削減

3 迅速な設計最適化
迅速なプロトタイプ作成、仮想テスト、仮想/拡張現実（AR）による設計の反復評価により、短時間でより優れた製品を設計

4 カスタマーエクスペリエンスの設計
顧客に価値をもたらす要件をより的確に把握、評価、テストするために、センシング、仮想現実、システム・モデリングを活用して、顧客にフォーカスした製品を提供

5 モデルベース製造
生産開始する前に製造プロセスのシミュレーションと検証をバーチャルに行うことで、コストのかかる生産準備の手戻りと設備投資増を防止

6 リアルタイム製品インテリジェンス
製品が実使用・運用されている現場から直接データを収集・処理することで、実際の運用環境とユースケースよりインサイトを獲得し、設計へのフィードバックやプロアクティブな製品改善を実施

7 製造革新のための設計
製造効率向上、製造コスト削減、製造リードタイム短縮のために形状寸法、材質、工法の最適化・代替案を提示

8 コネクテッドカスタマーエクスペリエンス
フィジカルの製品をデジタルツイン（モデルベース製品定義）とリンクすることで、新たなサービスの提供、保守サポートニーズの予測、現在/将来の製品パフォーマンスの最適化を実現

出典：Deloitte、2017

効果的かつ効率的なコラボレーションの基盤となる。PLM システムは、Siemens Teamcenter、PTC Windchill、SAP PLM など、さまざまなベンダーから提供されている。この PLM システムは、設計フェーズ以外にもユーザーに価値を提供する。PLM システムには、CAM（Computer-Aided Manufacturing）、CAPP（Computer-Aided Process Planning）などの製造系デジタルツールと連携する機能がある。この PLM システムとトラディショナルな CAD（Computer-Aided Design）ソリューションとの間の決定的な違いは、PLM システムには EOL（End-of-Life）および MOL（Middle-of-Life）のためのアプリケーションツールも含まれているという点である。例を挙げると、PLM システムは、実際に運用される個々の製品のデジタルツインを確立するための基盤を提供する。この製品のデジタルツインは（特定のシステムの中で）製品が運用されている使用状況データを取り込むことによって作られることになる。

　デジタルツールが新製品開発プロセスで重要な役割を果たすもう 1 つの要因は、タイム・トゥ・マーケットの短縮である。仮想テストとデジタルモックアップによって、物理的な試作の必要性が軽減される。そのため実試作に必要な時間が短縮され、プロセス全体が大幅に合理化・短縮化される。最近のデジタル評価・検証およびテストプロトコルは非常に洗練されているため、例えば自動車のように認証取得が必要となる高度に管理された業界でも大規模に採用されている。また、PLM ソリューションは大規模なバーチャルチームがプロジェクトで効果的に連携できるようにするためのサポート機能（バージョン管理等）を提供している。

　ヒューマンコミュニケーションの側面について述べると、分散した場所で共同作業を行うデジタル設計チームは、相互に効果的なコミュニケーションが取れるようにする必要がある。デジタル技術は、この通信・コミュニケーションを大規模に提供するための基盤である。データの交換やドキュメントの共同作成を可能にするクラウドプラットフォームや、ほぼすべての人をリアルタイムで接続するビデオ会議ツールは、このプロセスの 1 つの側面にすぎない。VR（仮想現実）や AR（拡張現実）、

ホログラムは、遠隔地での共同作業をより効果的にするために現在導入
されている技術である。製品・サービスの設計者同士だけでなく、バー
チャル環境で潜在的な顧客やフォーカス・グループと対話できるため、
デジタル製品開発プロセスをさらに変革する大きな可能性を秘めている。
これらの技術は、顧客との共創という理論的な概念を実現可能にし、カ
スタマイズされた、あるいはパーソナライズされた製品やサービスを大
規模に開発するための貴重なツールとなる。

スマート製品

　スマート製品とは、製品が利用される環境を「感知」して相互に作用
し、他のシステム（他のスマート製品を含む）と無線で通信する機能を
備えたフィジカルな製品である。

◉――――スマート製品の用語

　スマート製品は最近、Industry 4.0 やスマートマニュファクチャリン
グの台頭によって大きな注目を集めている。しかし、その理論的な基本
概念は、今世紀に入ってからのものである。当時は「インテリジェント・
プロダクト」という言葉のほうが一般的であったが、その定義は今日の
理解とほぼ 100％一致している。その理解とは、"アイテムは物理的に
も情報的にも 1 つのアイテムとして独自の ID を持ち、周辺環境と効果
的に通信でき、自身に関するデータを保持または格納でき、その機能や
生産要件などを表示するための言語を展開し、自身の運命に関連する決
定に参加、または決定できる"ということである。。
　DSN では、スマート製品は新しいレベルの顧客との関係と革新サービ
スをもたらす。この開発は今後も成長を続けることが期待されており、
メーカーに差別化要因となる機会を提供するとともに、将来の市場にお

いて持続的な競争優位を達成するための重要な要素となる。スマート製品は、メーカーが顧客（自社製品のユーザー）と継続的に関わり、自社製品が実際にどのように使用されているか、個々の顧客の行動の違い、付加価値サービスの可能性などに関する貴重な情報を収集することを可能にする。

◉─────── **ディメンジョン、課題、障壁**

　スマート製品は、特定のディメンジョンで分類できる。Wong らによる確立されたアプローチでは 2 つの知能レベルで区別している。レベル 1 は、情報指向のスマート製品であり、固有の識別情報をもち、周辺環境と効果的に通信することができ、自身に関するデータを保持または保存することができる。これは基本的にスマート製品としての資格を得るための最低限の条件である。レベル 2 はその上に構築され、より意思決定指向である。このレベル 2 の特徴は、スマート機能を表現するための何かしらの言語をもっており、かつ、自らの運命に関わる決定に参加する能力をもつことだ。

　Meyer らによるスマート製品の別の分類モデルでは、インテリジェンスのレベル、インテリジェンスの場所、インテリジェンスの集約レベルの 3 つのディメンジョンで区別している。インテリジェンスのレベルは、情報処理、問題通知、意思決定の 3 つのレベルに分けることができる。インテリジェンスの場所というディメンジョンは、処理能力がオブジェクト（製品）自体にあるのか、ネットワーク（クラウド／エッジ）を通じて提供されるのかを区別する。最後のディメンジョンであるインテリジェンスの集約レベルは、センシング、データストレージ、および処理能力がインテリジェントアイテム自体またはインテリジェントコンテナ（サーバー上に作られた論理的な区画）で利用可能かどうかを区別する。

　近年、スマート製品が急増している。しかしながら、解決すべきいくつかの未解決問題や克服すべきいくつかの障壁がある。技術的な面では、

接続性とエネルギー供給の問題は依然として課題となっている。**表4-1**
では、スマート製品の普及に関して、さまざまな障壁と課題を示してい
る。課題とは、企業の DSN 内で困難を伴う問題や、成功させるために
対処が必要な技術のことであり、例えば、機械学習アルゴリズムの複雑
さなどが挙げられる。一方、障壁とは、克服することはできても政府の
政策などステークホルダーをコントロールできない要因と関係している。
最終的には課題と障壁の両方の観点で DX の取り組みに特有の状況を慎
重に評価する必要がある。**表4-1** に示したデータは、この分野の専門家
を対象とした最近の研究から得られたものである。

　次のセクションでは、スマート製品を作るために、欠かせないデジタ
ル対応技術について触れる。

表 4-1：（プロ）アクティブなスマート製品の課題と障壁

障壁	課題
プライバシーに関する懸念	明確な便益の特定
IT セキュリティ	抜本的な変革の必要性
政府	データの所有権
データの所有に関する法律	未開発の主要技術
共有行動の欠如	アルゴリズムの複雑さ
コストが高く顧客に受け入れられない恐れがある	製品を有効にすべき時期の決定
製品に対する固定的な認識	情報の一貫性と信頼性が確保されるようにネットワークを設計する
「間違った技術」に投資する企業	個々の利害関係者の情報入手可能性
	インテリジェントな製品とインテリジェントでない製品が混在する異機種混在システム

出典：Wuest et al., 2018

◉────デジタル対応技術

　市場には多くの新しいデジタル技術が出て来ている。その中にはソーシャルメディアのように顧客と直接接点をもつものもあれば、製造技術領域におけるアディティブ・マニュファクチャリング（3D プリンティング）のようなものもある。このアディティブ・マニュファクチャリングという新しく高度な製造技術は純粋なデジタル技術である。デザイナーに自由度の高いデザイン性を与えるだけでなく、さまざまなバリエーションの製品を簡単に製造できるという点で、アディティブ・マニュファクチャリングは前例のない柔軟性のある製造技術である。要するに、アディティブ・マニュファクチャリングは大量生産品に近いコストで個別カスタマイズされた製品を設計・製造することを可能にする技術と言える。

　スマート製品を用いた大量のユーザーデータ（ビッグデータ）を収集・分析する仕組みと柔軟で自由度の高い設計を行える環境は、これらデジタル技術の登場前には実現不可能であった。スマート製品は世の中のニーズや顧客の要求を満たす製品を開発設計するための強力なツールである。

　アディティブ・マニュファクチャリングなどの新たなデジタル技術は、多数の分野に対して DSN の価値を与え、向上させることができる。例えば、航空機エンジンである GE　CT-7 のミッドフレーム（**図4-3**）では、アディティブ・マニュファクチャリングを全面的に活用した再設計により、製品パフォーマンスが大幅に向上しただけでなく、約 300 個の個別パーツと 7 個のサブアセンブリで構成されていたアセンブリが、1 部品、1 アセンブリにまで削減することができた。この部品点数の削減は資材管理、在庫管理、調達、保守などに関連するため DSN に大きく影響する。これらのデジタル技術の新しさを考えると、この潜在能力をフルに活用するためには私たちの知識はまだ不十分と言える。

　スマート製品のためのキーテクノロジーには他に統合センサーシステ

ムがある。センサー技術とそれがもたらす通信・コミュニケーションは IoT の不可欠な要素であり、ビッグデータ分析と AI 活用の基盤とも言える。センサー技術の進歩は、新製品開発それ自体だけでなく、実際に製品がどのように使われているか、日常生活の中でどのように利用されているかを把握するためなど、デジタル技術の更なる応用を可能にしている。例えば、アディティブ・マニュファクチャリングは部品の構造体に電子部品を直接印刷することを可能とし、5 G はどこでも安定かつ信頼性の高い高速通信を保証する。さらに、センシングマテリアルの進歩により、バッテリーの寿命や空間の制限なく、これまでにない方法で製品にセンサー技術を搭載できるようになる。これらの技術により大量の情報が感知されるようになっている。スマート製品から生まれるデータの急速な増加は、デジタル開発プロセスへさらに多くの情報提供を可能としている。

　スマート製品のもう１つの利点は、ユーザーが積極的に製品を使用している間、メーカーやその他の関係者が継続的にその製品の状態を監視および管理できることである。これにより、データに基づいた多くの新しいサービスや製品への新たな保守サービスの追加など、革新的ビジネスモデルが生まれている。これらについては次のセクションで解説する。

図 4-3：アディティブマニュファクチャリング用 GE CT-7 エンジンのミッドフレーム設計変更

オリジナルのミッドフレームデザイン
- 300パーツ
- 7アセンブリ

再設計したミッドフレーム構造
- 1パーツ
- 1アセンブリ
- 10ポンド以上の軽量化

出典：GE Aviation

産業向け製品サービスシステムと
サービタイゼーション

　この章では、デジタル製品開発に関するサービスについて何度か説明してきた。DSN における新しいデジタル製品開発プロセスはサービスと分離して考えることはできない。デジタル技術と組込センサー技術の進展により、製造業においては従来よりも高度なサービスの提供が求められ、もしくは、サービスはすでに製品そのものに不可欠なものとなっている。このセクションでは、デジタル製品とデジタルサービスの違いを簡単に区別してから、DSN とデジタルテクノロジーの成熟に伴い両者の違いがますます少なくなっていることを説明する。最後に、この新しい概念がビジネスに与える影響、さらには DSN 全体としてのビジネスモデルに与える影響を解説する。

◉─────デジタル製品とデジタルサービス

　従来、製品とサービスは明確に区別されてきた。製品には物理的な存在感があり、多くを生産し、在庫として保管することができた。また、生産と消費は本質的に分離されてきた。例えば、有名な T 型フォードをはじめとする自動車は、設計・製造されてディーラーに出荷後、客が購入を決定するまでは在庫として保管されていた。一方、従来型のサービスは、何らかの作業自体を消費するものであった。理髪店で提供されるヘアカットのサービスはこの典型的な例である。顧客が購入を決定するまで、ヘアカットという作業を先に作成して在庫として保管しておくことはできない。これらは提供側と顧客側の両方が同時に関与する時に実行する必要があるサービスである。

　現在に至ると、この当たり前のような区分はもはや当てはまらない。例えば、自動車は個別にカスタマイズされており、物理的な商品である

自動車はさまざまなサービスと共に提供されている。新しいメルセデスを購入する時、製品仕様コンフィギュレータはカスタマイズされたボディ色を含めて1兆種類以上のバリエーション仕様を提供可能としている。この場合、顧客ごとにカスタマイズされた自動車を製作し、在庫で保有することは不可能である。一方、インターネット、ソフトウェア、デジタル技術の導入により、サービスは大きく変化してきている。アプリストア上のアプリは物理的な製品ではないが、消費される前に製作されたサービスと言えるものであり、物理的な製品とは拡張性が大きく異なるという特徴がある。ソフトウェアサービスである「アプリ」をデジタルコピーしても品質が低下したり生産コストが大幅に増加することはない。この新しい環境においては、個々の製品とサービスを明確に区別することはますます困難になっている。

◉──────製品サービスシステム

　製品サービスシステム（PSS）は、「従来のビジネスモデルよりも継続的に競争力をもち、顧客ニーズを満たし、環境への負荷が少ない、製品・サービス・関係者間ネットワーク・インフラストラクチャからなるシステム」として1999年に定義されている。同一の概念を表す別の用語には「エクステンデッド製品」「製品サービスバンドル」「ハイブリッドサービス」「統合サービス」および、場合によっては「スマートサービス」が含まれる。産業用B2B分野では、PSSは産業向け製品サービスシステム（IPSS）と呼ばれる。

　最新の動向は、顧客ニーズの更なる把握と付加価値の創造に向けてPSSが進化していることを示している。PSSは有形の製品と無形のサービスを組み合わせたもので、その組み合わせで最終的に顧客のニーズを満たすことができるようにデザインされている。

　また、PSSは付加価値を提供するエクステンデッド製品および統合サービスでもある。PSSは経済成長から資源消費を切り離し、経済活動に

よる環境負荷を低減するきっかけを与えてくれる。PSS ロジックは、設
計者・製造者の知識を利用して、アウトプットの価値増加とインプット
の部材および他のコストの削減という結果をもたらす。

　更に、PSS は、社会、経済、環境の 3 つの側面すべてを含む持続可能
な活動の実現に向けた手法として認識されている。PSS の概念は、製品
の（包括的または部分的な）機能、運用、保守、アップグレードおよび
廃棄に関する製品の所有権と責任を維持することにより、製造業者にバ
リュープロポジション（顧客提供価値）を提供する。このようにメーカ
ーが所有権と責任を保有することで、各々のユースケースに最適な製品
を開発設計するインセンティブが生まれる。これには、消費電力の削減、
機能性、メンテナンス（ダウンタイムの削減）などさまざまな側面が含
まれる。

　PSS の主な目標は、従来の製品指向のソリューションと比較して、環
境への負荷が少なく、リソース効率がより高く、効果的なソリューショ
ンとして生産者とユーザーの双方にメリットをもたらすことである。一
方、物理的な製品とその関連サービスの組み合わせで構成されるソリュ
ーションは、単体製品と比較しても、競合他社にとっては複製が困難と
いう特徴がある。**表 4-2** に、DSN における PSS の利点と課題を示す。

　PSS は、複数の関係者が密接に連携した場合のみ提供可能であり、さ
まざまな機能とリソースを必要とする複雑なサイバーフィジカルシステ
ム（CPS）である。市場で効果的かつ効率的に持続可能な PSS を提供
するには DSN が必須であり、デジタル技術はデータ、通信、分析を通
して各々が必要な情報・機能を連携するための根幹技術である。

◉─────サービス化・非所有化ビジネスモデル

　サービス化は、1988 年に Vandermerwe と Rada によって導入された
古い概念であり、この概念は、製造業が追加のサービスを組み込むこと
でマーケットにおける競争優位を確立できるバリュープロポジション（顧

客提供価値）を開発できるということを示している。前述の PSS は、サービス化の特殊・優れたケースとして理解できる。

　サービス化と非所有化ビジネスモデルという 2 つの概念の大きな違いは、サービス化が主に経済的観点に焦点を当てていることである。サービス化は DSN の関係者にとっての PSS のビジネスチャンス（競争優位の確立）と、これがビジネスモデル革新にどのように移行できるかに焦点を当てている。グローバル市場で成功するためには、デジタル技術の進歩とともにビジネスモデルを進化させる必要があるということは、誰もが認めるところである。一方、非所有化はビジネスモデル自体に焦点を当てている。ウーバーやエアビーアンドビーに代表される既存概念を覆す PSS ビジネスモデルは、非所有化・シェアリングエコノミーのビジネスモデルの一つとして、スケーラブルかつプラットフォームベースの PSS という新たな「ゴールドラッシュ」を生み出している。

　DSN では、顧客にとって最も付加価値が高いビジネスモデルと手段を

表 4-2：DSN における PSS の利点と課題

利点	課題
ライフサイクル全体にわたる 継続的な収益ストリーム	複雑さによる管理の難しさ
製品・サービスの実際の利用状況の 的確な把握	包括的な PSS に必要なエコシステム （DSN など）
ユーザー・顧客との密接な関係	提供者に残るリスク
設計・製造を超えた 深い製品・サービス知識の共有	テクノロジーの利用可能性（妥当な価格で）
経済成長から資源消費の分離 （持続可能性）	依然として所有権を欲する ユーザーのマインド（特に B2C）
個人単位のカスタマイズ性	開発設計の複雑さの増加 （テクノロジーの統合など）
顧客の囲い込み・競争の排除 （優れた価値の提供）	PSS を提供するステークホルダー間の 収益分配モデル

見つけることに重点を置いている。現在人気があるビジネスモデルは、利用量（pay-per-use）や成果（pay-per-outcome）に対して課金する非所有型のビジネスモデルである。どちらも、高度なサービス提供への移行と言えるが、そのリスクと必要なデジタル技術ということでは、今のところ大きな違いがある。どのビジネスモデルを採用すべきかを決めることは簡単ではない。これはそれぞれの個別具体的な産業、顧客、特殊能力に基づいて決定される。その結果は今後のDSNのビジネスの成功に大きな影響を与えるものである。

デジタル製品開発事例

　この章の最後のセクションでは、DSNにおけるデジタル製品開発から生まれた2つの製品について見ていく。2つの製品とはパーソナライズ・フットウェアとサイバーフィジカル・ジェットエンジンである。どちらの製品も、複数のメーカーから入手でき、これまでに説明したさまざまなテクノロジーを組み合わせているものである。

◉ーーーーフットウェア

　フットウェアは消費者市場（B2C）におけるデジタル製品開発のメジャーな事例であり、データに基づいた設計、パーソナライゼーション、サービス化、および先進的製造技術という複数の側面をもっている。手作りのレザードレスシューズのように、フォーマルで高級なシューズは伝統的にパーソナライズされている。この伝統的な設計・製造プロセスは、デジタル製品開発とはほぼ正反対に位置しており、職人的であり、高価であり、ローテクな手作業が特徴である。一方で、ハイエンドのスポーツシューズを見ると、独自の要望に応えるという点では似ているが、デジタルを活用した高度な製造技術を駆使することで、独自の要求に基

づいたデザインがなされたパーソナライズ製品であることが分かる。

　この製品分野において、その設計プロセス全体がデータドリブン、かつ高度に自動化され、デジタル・スレッドに基づいている新たな製品やより優れた製品サービスシステムがマーケットに新規参入していることを現在観察できる。

　シンプルに言うと、顧客の足のサイズ・形状は専用のセンサーシステムを使用してデジタル的に測定および分析され、その顧客に合った独自の靴を作るためのデザインが導き出される。また Web インターフェイスを介して視覚的にパーソナライズ（色、特徴など）することが可能で、更なるカスタマイズを施すことができる。従来の製法ではスケールメリットが得られないため、このオンリーワンのシューズは製造できなかったが、先に述べた柔軟性の高い高度な製造技術がデジタルで設計したものをリアルなモノとして作り出すことを可能にしてくれる。このケースでは、それ自体が純粋なデジタルテクノロジーであるアディティブ・マニュファクチャリング（3D プリンティング）が該当する。これにより、大衆市場向けに比較的低コストで、高品質にパーソナライズされた製品を妥当なリードタイムで提供することが可能になる。

　今日出回っているパーソナルライズされたフットウェアのほとんどは、製品ライフサイクルを通してデータを収集するためのセンサーシステムや電子機器がついているわけではない。しかし、これらの製品の次なる進化は、収集・分析されるデータの範囲を広げ、日常使用・製品ライフサイクルにわたるデータをすべてセンシングすることにより、最適にパーソナライズされた顧客体験を作り出すことが想定されている。これにより、製品のパフォーマンスと独自性が更に向上し、フットウェア製造業者は最高の製品を顧客に提供するために収集した長期データの学習から利益を得ることができるため、顧客・ユーザーにとってプラスの囲い込みとなるのである。

◉────── ジェットエンジン

　2番目の事例であるジェットエンジンに話を移す。現代のジェットエンジンは非常に複雑なシステムで、センサーが詰め込まれ、常時接続され、大量のデータ（ビッグデータ）を生成している。ジェットエンジンは、サービス化と製品サービスシステムにおけるメジャーな事例である。すべての大手メーカーは、サービス化されたビジネスモデルに移行している。つまり、製品を販売するのではなく、「推力」または「時間当たりの電力」を提供するのだ。このような移行を持続的に実現するには、常に高品質のデータにアクセスすることが重要である。ジェットエンジンメーカーは、安全性だけでなく、メンテナンス、稼働率、パフォーマンスにも責任を負う。スマート接続したジェットエンジンとそのバーチャルのカウンターパートであるデジタルツインに基づいて、メーカーは将来のメンテナンスニーズとさまざまな条件で燃料消費を低減させる性能改善を予測することができる。数千のアクティブ・システムへのアクセスにより、データドリブンの操作を可能にする大規模なデータベースが提供される。デジタル製品開発の側面では、データは可能な設計改善と次世代設計のためのより具体的な要件についての分析結果を提供する。一方、オペレーション側では、異なるシステム間でリアルタイムデータの解析を行うことにより、高度な学習モデルが可能になり、同じエンジンを使用して、異なる飛行時間と状況（離陸、巡航、高温、低圧など）に対するエンジンパラメータの最適化、性能の最適化、燃費の最適化などができるようになる。

まとめ

　デジタル製品開発プロセスは、DSN のデジタル化の中で、より高速で、よりつながり、より顧客中心のプロセスになっていく。従来の NPD（新製品開発）プロセスは（多くの場合、OEM によって一元的に）管理されていたが、新しいデジタル製品開発プロセスはテクノロジー主導で、拡張性が高く、真に共同作業が可能である必要がある。そうすることでデータにリアルタイムアクセス、活用することができ、パーソナライズされた設計、新しいビジネスモデル、そして迅速な市場投入を促進することが可能になる。DCOR モデルのような既存の NPD（新製品開発）モデルは、厳しい目で評価した上で、もし可能であれば（あるいは代替として）階層構造を打破するようにデジタル製品開発プロセスを適用していく必要があると考える。

　本章について要約すると製品開発のデジタル化のトレンドは以下の 3 つとなる。それぞれのポイントをおさらいしたい。

1　コラボレーションツールによって多様で分散した効果的なチーム設計が可能となる
2　製品ライフサイクルを通じてインサイトを提供するスマート製品が出現する
3　製品使用データを活用するサービスが統合された製品サービスシステムが勃興している

　コラボレーション系のデジタル技術のユースケースとして、タイムラグを活用したグローバル 24 時間共同設計によるタイム・トゥ・マーケット短縮が挙げられた。また、グローバル共同設計による効用として、各エリアの現地ニーズを正確に捉えた本当に

売れる仕様の検討と設計を行うことも重要な要素として述べられた。そのデジタルイネーブラの中核が PLM システムを活用したデジタル開発コラボレーション基盤であり、従来の CAD や E-BOM といった最終設計成果物を管理するためだけのデータの器だけではなく、製品要件定義データ、モデルベース製品定義データ、モデルベース製造（工程）定義データといったデジタルスレッドをグローバルで一元共有管理することが昨今のトレンドであると論じた。また、VR/AR/MR などのデジタルコミュニケーションツールの活用により、遠隔地間のヒューマンコミュニケーションを効率化することも重要な側面であることを説明した。

　スマート製品のトレンドにおいては、その定義を行うとともに、フットウェアを事例として取り上げた。アディティブ・マニュファクチャリングや統合センサーといったデジタルイネーブラを活用することで、従来、オートクチュール型ではなかった非高額商品カテゴリーにおいてもパーソナライズ化が近年進展しており、近い将来では、製品ライフサイクルにわたる顧客使用データを収集・分析し、そこで得たインサイトを活用することで、カスタマーエクスペリエンスをより最適化したパーソナライズ製品の提供と Win-Win の顧客の囲い込みが進むという、コンシューマ向け製品の DX（Business transformation with digital）の世界観を示した。

　製品サービスシステム（PSS）のトレンドとしては、その定義に加え、非所有型・シェアリングエコノミーについても触れつつ、ジェットエンジンを事例として取り上げた。読者の多くにとって馴染のある事例だったと思う。製品を単に販売するのではなく「Power by the Hour」を提供する製品サービスシステムであり、いわゆるモノづくりではなくコトづくりである。環境負荷を低減

するという点もサステナビリティが重要アジェンダとなっている昨今において見逃せないものとして、B2B向け製品のDX（Business transformation with digital）の世界観を示した。

日本の見解

　製品開発におけるグローバルのデジタル化トレンドに対して日本の状況を述べたい。

コラボレーションツールによるグローバル分散共同設計

　2000年代の第一次PLMシステムのブームで構築したPLMシステムの多くは、ソフトウェアパッケージの機能・性能面の制約もあり、CAD・図面・E-BOM（設計部品表）といった設計成果物を管理する器というレベルが一般的であった。設計・製造連携においても3D-DMU（Digital Mock up）を活用したデジタルDFM（Design for Manufacturing）を実現している企業も極めて稀である。グローバル開発という点では、24時間4極分散設計というコンセプトは2000年当時から存在したが、グローバル設計拠点間で分担設計あるいはコラボレーション設計を実現している企業は非常に少ない印象である。しかしながら、PLMシステムの第二次ブームとなっている近年においては、3Dデーター気通貫活用やそれを支える統合BOM（BOP含む）、グローバル統合PLMシステム構築にチャレンジする企業が増えてきている。グローバルに対する遅れという観点では、自動車業界においてMBD推進センターが国際競争力向上のために昨年発足したが、モデル

ベース開発の取り組みは欧州自動車業界に対して 10 年は遅れて
いると言われており、相応のビハインドがあると言える。

スマート製品

　日本でもスポーツ用品大手においてエリートランナーの一人ひ
とりの走法を分析し、それぞれの異なるタイプのランニングスタ
イルに合ったシューズの開発を行っている。また、食品や家電で
も個々の健康や行動パターンの分析結果から個々に合った製品を
提案する事例も出てきているが、グローバルと比較すると日本に
おいてまだ顕著な事例は多くない。

非所有型製品サービスシステム

　残念ながら、我が国 B2B 企業における取り組みは極めて遅れて
いると言える。その遅れは 10 年以上である。デジタルツイン化を
図るためには、3D 化、BOM 化、モジュラー化が必須となるが、
重工・重電メーカーに代表される個別受注生産メーカーの多くに
おいては、そのどれもが道半ばであり、未だ製番別の図面が運用
されている企業も少なくない。また、代理店網のしがらみなどか
らサブスクリプションサービスへの移行もなかなか進んでいない
のが実態である。

　デジタル製品開発の実現のためのデータ基盤づくりにおいては、
エンジニアリングチェーン全体もしくは製品ライフサイクル全体
で標準化・共通化されたデータ管理の基盤となる PLM システム
が重要となる。先に述べたように、以前は E-BOM 管理や図面管
理といった成果物管理だけの活用に留まっていた PLM システム
だが、昨今では CAD 連携はもちろん統合 BOM/BOP 管理、かつ

モジュラーデザインと合わせた仕様・部品コンフィグレーション管理、MBSE/MBD 対応などと、PLM システムが進化しており、PLM システムの再構築あるいはエンハンスにおいては、" あるべき姿 " を含めたしっかりとした PLM システム導入企画構想策定と実行体制構築を行った上で臨むことが肝要である。

　ここで、日本においてデジタル製品開発の変革に果敢にチャレンジしている事例をいくつか紹介したい。

某産業装置メーカー：事業拡大への対応戦略として、開発リードタイム短縮と業務効率化を目的に、事業部横断かつ部門横断の体制で PLM システムの段階的導入と業務改革に数年にわたって取り組んでいる。エンジニアリング高度化のためにメカ・エレキ双方の CAD をハイエンド化するとともに、バリューチェーン一気通貫での 3D データ活用や製造などの高度化のために BOP 含めた統合 BOM 構築に取り組んでいる。

某重工メーカー：サプライチェーン改革とセットでエンジニアリングチェーン改革に取り組んでいる。従来、悪く言えば都度御用聞き的にカスタム設計を行い、部品種類を増やし、オペレーション効率とコストの足枷となっていた。事業量の大幅増加が見込まれる中、個別対応するモノづくりから脱却すべく、モジュラーデザインによる製品構造の標準化に取り組んでいる。加えて PLM システムによる仕様・設計情報の管理基盤の整備も進めており、見積・手配・生産といったオペレーションのスピードアップと効率化、ならびに設計者の本質業務へのシフトに取り組んでいる。

電機メーカー：将来のデジタル化先進企業の実現のため複数事業

横断で標準化・共通化された情報基盤（PLM システム）の構築に取り組んでいる。先の事例と同様に、個別対応するモノづくりから脱却すべく、モジュラーデザインによる製品構造の標準化にも取り組んでいる。PLM の狙いとしては、開発業務効率化の実現だけでなく、この情報基盤のデータをフル活用した事業横断の新規ビジネス創出も目指している。

　上記の事例のように、日本でもデジタル製品開発の実現に向けて取り組みを始めている企業が出てきている。各社共通して言えるのは、前述した業務変革の " あるべき姿 " を描き共有化すること、標準化・共通化されたデータ管理基盤を構築することに加え、日本固有の対応が求められることである。現場での属人的なすり合わせによるオペレーションに長らく頼ってきた日本においては、情報単位が揃っていないことと、マネジメント層のデジタルに対する理解不足、この 2 点においてデジタル化への障壁が高い。ここに丁寧な対応を行うことが必要である。一方で、日本の強みもある。現場でのすり合わせという固有の強みである。ここ十数年、生産拠点のグローバル化によりこの強みが薄れつつあるが、このすり合わせをデジタルデータを使って仮想空間上で実現することで、強みを取り戻し、かつ、大きなアドバンテージが得られるのではないかと我々は考えている。ぜひ、実現に向けて早期に準備を進めていただきたい。

第 5 章

インテリジェントサプライ

　デジタル時代における調達機能というのは、従来の役割であるトランザクションサポートから大きく進化し、戦略的に重要なポジションを占めるようになっている。この章では、従来のサプライチェーンマネジメント（SCM）の一部としての調達の概念と、デジタルサプライネットワーク（DSN）におけるインテリジェントサプライへの移行について紹介する。インテリジェントサプライがもつ機能や関連テクノロジー、またそれらが顧客サービス、業務効率、収益、コスト、ユーザーエクスペリエンスにどのような効果をもたらすのかを述べていきたい。

デジタル時代以前における
調達のコンセプト

　業務としての購買は、文明社会の歴史の過程で常に存在しているものである。ほぼすべての企業は、規模や業種にかかわらず、他の企業から材料を調達しなければならない。産業革命によって、サプライチェーンネットワークを構成する企業のエコシステムができあがり、また時代とともに洗練されてきた。また SCM という概念が具体化される上では、「供給元（Source）」の確保を行う機能が必要不可欠であるとされ、そのプロセスが確立されたのである。

　ソーシングプロセスに関連する一般的な用語としては、購買や調達、そしてソーシングなどが挙げられる。購買とは、通常、資材の手配や支払いの取引のこと、ソーシングはビジネス目標達成に向けて最適な原材料を手に入れるためにサプライヤーと協力するといったより戦略的な活動として用いられ、調達は購買とソーシング双方を包含する取り組みを指す言葉として用いられる。また、エンドツーエンドとは、調達から支払いまでの活動全般（P2P=Procurement to Pay）を意味しており、「ソーシングから支払い（S2P=Source to Pay）」および「ソーシングから決済（S2S=Source to Settle）」といった用語は、P2P と互換的に使用され

ている。

　1980年以前は、購買は完全に業務処理型のタスクであり、主な目的は、ビジネスに必要な製品とサービスを最小限のコストで入手することであった。購買部門は財務部門や製造部門から分断されており、そのことが納期遅延や生産における機会損失を招く要因ともなっていたが、1980年から2000年にかけて、エンタープライズリソースプランニング（ERP）の導入が進むことで、調達、財務、製造を含む統合管理システムが実現化された。そういった流れの中で、購買チームによる原価低減活動と、企業レベルでのコスト削減による採算性向上との関係性が明らかになり、購買活動は企業活動において突如その価値を示すことになったのである。

　その後、貿易の拡大とグローバル化によって調達活動のビジネス・インパクトは増大した。21世紀に近づくにつれて、戦略ソーシングは調達機能の不可欠な部分となったが、目標はコスト削減とリスク管理のままであった。2000年初頭、インターネットの台頭により、調達は「電子調達」へと成熟し、「eRFX」（eRFX=eRFI、eRFP、eRFQなどの総称）、「電子カタログ」「e-Auction」といった言葉が浸透した。「e」は、手動ではなく「電子的な機能である」ことを表している。なお、調達情報のデジタル化は2000年初頭に始まったが、多くの組織はまだこの段階にいる。

　調達活動は「自社で生産するか、外部から購入するか」という判断から始まる。自社で生産するという決定を下す場合、必要な構成部品を把握することが次のアクションとなり、そして各部品に対して同じ判断をすることになる（生産か購入か）。外部から購入すると判断した場合、仕入先の選定、契約交渉、発注および納期・スケジュールの合意、購入した資材の受入、支払いといった一連のプロセスを実行することになる。ソーシングプロセスには、個々の取引からパートナーシップの開発・構築に至るまで、さまざまなレベルにおいてサプライヤー管理の要素が含まれており、サプライヤーとの関係維持が戦略的にどの程度重要かは、調達品の重要性とリンクしている。図5-1は、供給リスクと財務的影響に基づくサプライヤーとの関係性を戦略品調達先、レバレッジ品調達先、

図 5-1：製品・サービスのリスクと重要性に基づくサプライヤーマトリクス

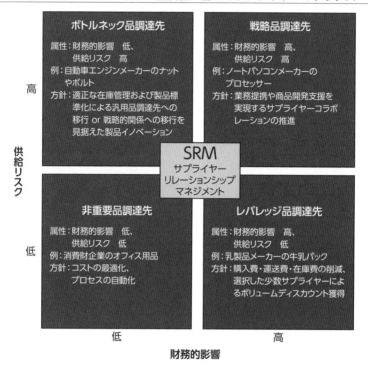

ボトルネック品調達先、非重要品調達先の4つに分類している。調達業務を実施するにあたり、サプライヤーの重要性と複雑性を考慮に入れて管理レベルにメリハリをつけ、それぞれのサプライヤーとの関係性に応じた取引を行えるようにする必要がある。また、そのためにはサプライヤーパフォーマンス管理、例えば契約で定められた数量および納期に対して期日通りかつ必要量（OTIF＝On Time in Full）を満たした上で納品されていたかといった分析・モニタリングをすることも必要となる。

　仕入先との取引は、個々の発注ベースから供給基本契約、さらには長期契約へと移行することが可能で、サプライヤーの戦略的影響度が大きくなるにつれて、財務的影響と供給リスクのバランスを取った契約関係

に発展する可能性がある。企業にとって最も戦略的価値が高いと判断された製品やサービスについては、買収または吸収によって自社で所有し、内製化することも選択肢の一つである。

　デジタル時代以前の調達は、その活動やコスト最適化といった面ではその必要性が認識されていたものの、組織において戦略的な位置付けを占めてはいなかった。戦略調達と位置付けられる活動であっても、コスト最小化とリスク軽減のためのサプライヤー活用のみとなっていた。また、各種改善活動は自社内のみで行われ、サプライヤーの関与は最小限に留まっていた。

　しかし、デジタル時代においては、サプライチェーンがDSNへと移行しており、その中にあってインテリジェントサプライは既存の調達機能をデジタル化していくことだけを意味しない。DSNにおいて重要な要素の一つであるインテリジェントサプライについて、その詳細を掘り下げて見ていきたい。

インテリジェントサプライ：デジタル時代の調達

　インテリジェントサプライとは、付加価値の向上、コストの最適化、リスクの最小化および業務の自動化といった効果を実現する次世代の調達機能（購買およびソーシング）のことであり、さらにはデータやテクノロジーおよび調達プロセスの活用を狙いとする。従来のソーシング業務は多くの不確定要素に依存しており、サプライヤーのパフォーマンスと市場環境の双方において予測が十分にできていないため、サプライチェーンの各段階において効率性を阻害する事象が発生する可能性がある。インテリジェントサプライによって、予測されたコストかつグローバル規模でのサプライヤーからの安定供給確保、戦略的サプライヤーと協力してのイノベーション加速、自動化された購買依頼・契約管理やマニュ

アル作業を必要としない請求書作成による社内ユーザーの業務変革、供給リスクのリアルタイム監視によるエンドツーエンドオペレーションのプロアクティブな最適化といった取り組みを組織が実行できるようになり、従来の非効率な状態を克服することが可能となる。

　デジタル時代の調達は、調達コストを削減しながらも、従来の目標をはるかに超える OTIF 指標のパフォーマンスを実現している。インテリジェントサプライとは、管理的な購買業務から戦略的で価値を生み出すソーシング活動への移行であり、**図** 5-2 は、インテリジェントサプライによる調達業務機能の変化を示している。データとテクノロジーは、調達取引における Procure to Pay の自動化、限定的なイノベーション活動に代わる開かれたイノベーションエコシステムの確立、コスト重視か

図 5-2：インテリジェントサプライによる調達業務の変革

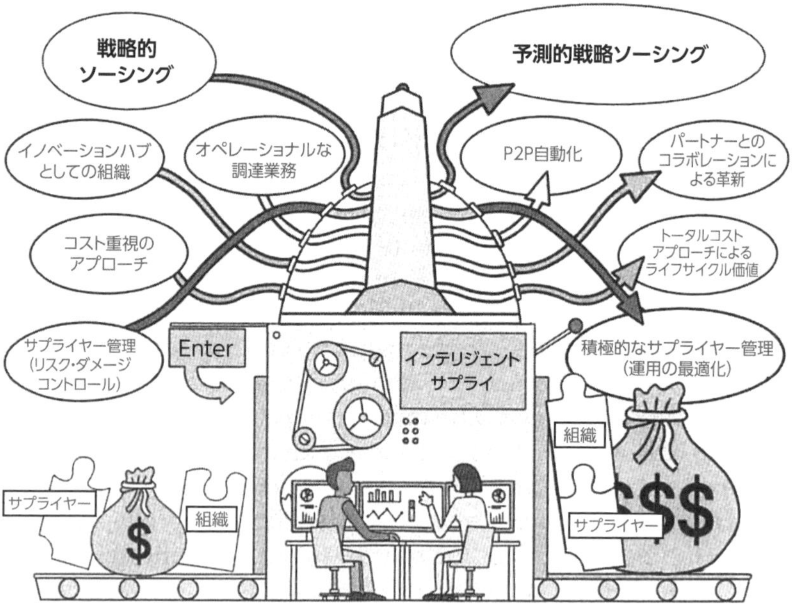

らライフサイクル全体での価値向上に重きを置いたトータルコストアプローチへの進化、いかに損失を減らしていくかという管理からサプライヤーに能動的に働きかけオペレーション最適化を目指す管理への移行といったことを推進し、これまでの戦略ソーシングを予測に基づく戦略ソーシングへと変革させるのだ。

　サプライヤーを戦略的パートナーと見なすことで、契約の記述方法や管理方法が変わることになる。従来の契約はリスクヘッジに重点を置いていたが、昨今では、サプライヤーをネットワークの不可欠な部分として扱い、関係構築に資する契約を締結するような流れになっている。恐怖ではなく、信頼こそがサプライヤーリレーションシップの礎になるのである。これは、エンドツーエンドで統合されたDSNがもたらすインテリジェントサプライの透明性によって実現される。そして、それらを促進する主要ツールの1つが、機械学習（ML）だ。

　機械学習アルゴリズムでは、ERPシステム、外部システム、過去の発注および請求書のデータとリアルタイムの市場情報を使用して、潜在的なリスク・被害の予測と付加価値創出の機会が特定される。このシステムは、新製品に必要なサプライヤーを即座に提案し、既存サプライヤーとの価値最大化に向けた製造フロー管理も行う。供給不足や品質問題を緩和するため、代替サプライヤーを事前に特定することも可能だ。また、このテクノロジーを使用することで、スペンドキューブ（Spend Cube）やサプライヤー価値の分析が自動で行われる。スペンドキューブは、サプライヤー・事業グループ・購買品目を軸とした調達原価に関する多次元分析・管理の概念であり、カテゴリーマネジメント戦略の策定と実行へのインプットとなるものだ。インテリジェントサプライの出現により、サプライヤーリレーションシップマネジメントの分析が容易になり、リレーションに対して予測ができるようになった。

　発注書作成、出荷通知、資材受入、請求書の作成・照合、支払処理などの取引業務は、膨大な手作業が伴うタスクであり、調達プロフェッショナルの時間が取られてしまう。これらの分野では、発注書の自動生

成、資材トラッキング、自動での資材移動・受入、自動請求および支払決済などの複数テクノロジーがプロセスに組み込まれることで、手作業をなくしてきた。自動化された調達プロセスの導入が進む企業では、プロセスの効率と精度が大幅に向上したと報告されるケースが増えている。これにより、システムで処理判断できないような特別なケース（コンプライアンスやサービス契約の問題など）に対して、調達プロフェッショナルが十分に対処することが可能となるのだ。

　図5-2 で示されているように、サプライヤーと顧客ネットワークの組み合わせで構成される組織のエコシステムは、デジタル世界のイノベーションハブとなる。これまでは、自社がイノベーションの中心であり、変革はその境界内に限られていたが、デジタル時代の企業は、多くの付加価値やイノベーション活動が企業の外で起こるような、インテリジェントサプライに基づくエコシステムを作り出している。

　総所有コストという概念は、従来のソーシングプロセスでも長らく活用されており、新しい用語ではない。サプライヤーを選択する際、サービスの信頼性および製品の品質を踏まえた総コストを考慮することは、広く受け入れられている概念だ。インテリジェントサプライにおいては、図5-2 に示されている通り、生涯価値（Lifecycle Value）を総所有コストに紐づけて考えるといった点が、従来からの大きな変化点である。

　サプライヤー管理は、従来の SCM プロセスにおける戦略的な領域として、取引する際のリスク最小化・軽減・移転に焦点を当てており、企業の利益を保護しながら損害を抑制するという目標に基づいている。一方、インテリジェントサプライでは、組織はプロアクティブなサプライヤー管理を通じてエンドツーエンドに最適化されたオペレーションを志向している。デジタルデータとテクノロジーによって、リアルタイムでリスクを監視することができ、シームレスな情報統合により、ネットワーク全体のリスクを最小限に抑えることが可能となるのだ。

インテリジェントサプライがもつ
ケイパビリティ

インテリジェントサプライは、**図5-3**に示すような機能を通じて、S2P（Source to Pay）のプロセスにおける戦略的・戦術的・日常的な活動をシームレスに統合する。インテリジェントサプライのケイパビリティは、カテゴリーマネジメント、サプライヤーネットワークコラボレーション、サプライヤー分析、スマートソーシングの実行および高度な契約管理などに及んでいる。

◉────── **スマートソーシング**

本質的に、これまでのソーシング活動は手間と時間がかかり、間違いの発生しやすいマニュアルプロセスであった。先進的な企業や組織であ

図5-3：インテリジェントサプライのケイパビリティ

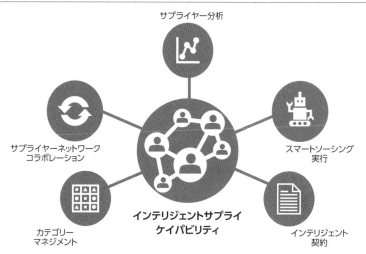

っても、オーダー発行や数量確認、資材発送通知、価格照合、請求書照合、支払・決済などの細かいマニュアル作業を大規模なチーム体制で実行するのが一般的だ。異なる ERP システムは相互に連携されず、それぞれが異なるドキュメント形式を有するため、プロセス自体がさらに複雑になる。戦略ソーシングチームがこのようなトランザクションの処理作業に時間を費やしていることは、効率性が大きく損なわれていることを意味する

　インテリジェントサプライの出現により、トランザクションの大部分が自動化され、効率性、正確性が大幅に向上し、意欲がありスキルのある人材をより付加価値の高い業務に投入することができる。これは、組織のネットワークとシームレスに連携し、需要予測の可視化とリアルタイムでの在庫管理を行っているサプライヤーにも言えることだ。需要シグナルに基づいて発注側から自動発注が行われ、サプライヤーのシステムが読み取り、発注日付と数量を参照して倉庫への指図が作成される。出荷オーダーが自動作成されて発送が行われると、出荷通知が請求書とともに発注企業へ送信され、最終的に資材・部品は発注企業の倉庫に納品されることになる。そして、納品数量が発注量と照合されると、支払条件に則って自動的に支払処理が行われるのだ。インテリジェントサプライを活用すると、この一連のアクティビティ全体を自動的に実行することが可能となり、手動での発注照合・請求書照合・支払処理および決済などに費やされた時間は、抜本的に改善されることになる。

　インテリジェントサプライには、請求書受領に備えて複数のフォーマットとチャネルに対応するシステムが組み込まれており、購買発注（PO）を体系的に請求書へ変換し、タッチレスで処理を実行する。これらのシステムでは、多数の電子請求テクノロジーが駆使され、あらゆるタイプの請求書を処理することが可能だ。自動化された双方向・複数方向での照合や、体系化された例外パターンに対する処理技術により、請求書処理時間が最小化され、サプライチェーンファイナンスやダイナミックディスカウント（＝売り手側に有利な支払条件とする代わりに一定の割引

を得る取引）機能が強化される。人間の注意・確認を必要とするのは、システムによってフラグ付けされたイレギュラーケースへの対応だけとなるのだ。

　新規サプライヤーの認証と取引開始準備という点では、インテリジェントサプライは、サプライヤーのセルフサービス登録、競争入札、契約遵守やオンライン交渉などを含む迅速なスクリーニングと登録作業を行い、ソーシングプロセスをデジタル化する。これにより、コスト分析や商品一覧での比較などをした上で、評価基準に基づいてサプライヤーの見積りをリアルタイムで評価し、最適なサプライヤーを選択することが可能となる。また、コグニティブ分析ツールを活用して、契約締結におけるベストシナリオの特定や、価格交渉に向けた示唆の導出を行い、時間と工数を節約することもできる。入札の検証・分析やコンプライアンス遵守は、人工知能（AI）とロボティック・プロセス・オートメーション（RPA）を備えたソフトウェア群を通じて実行可能で、一度実装されると新しい製品・サービスの需要を自動的に検出して見積りを作成できるため、実行プロセス上の価値と効率を一層高めることが可能となるのだ。

　戦略的ソーシングを伴ったエンドツーエンドの自動化を実現するために、ブロックチェーンを活用したスマートコントラクトも人気を集めている。事前定義された契約ルールがブロックチェーンに記録されており、その内容に基づいてトランザクションが自動的に実行される仕組みだ。配送、品質確認、支払・決済などの取引は、銀行のような中央集権的な機関を必要とせずに、スマートコントラクト上のルールによって実行される。

　多くの周辺システムとの連携とプロセスの自動化を伴うインテリジェントサプライは、リアルタイムの監視と制御を通じてコンプライアンス遵守のための業務を合理化することも可能だ。システム内のコンプライアンスルールは、準拠していないアクティビティを検出すると即座に確認のためのアラートを上げる。機械学習アルゴリズムを使用することで、

違反が発生する前にそれを予測し、予防措置を取ることも可能となる。

　スマートソーシングの実行は、透明性が担保され、多くのトランザクションやデータとの連携を保ち、コンプライアンスに準拠した環境で、サプライヤー選定からソーシング実行までのトランザクションを自動化するのである。

◉─────**インテリジェント契約管理**

　契約は、企業とそのサプライヤー間における拘束力のある合意事項である。契約書は、契約関係のリスクをヘッジしながら、調達条件、品質、支払いに関する詳細を記述しており、受注リードタイム、品質基準項目、支払条件などのソーシング取引は、契約ルールに従って処理される。従来のサプライチェーンマネジメントでは、契約書作成、条件交渉および契約履行のモニタリングに多くの手作業が必要とされている。

　インテリジェントサプライでは、デジタルツールを使用して契約の締結と管理を行うことでプロアクティブな契約管理が促進され、カスタマイズされたワークフローを活用することで、契約のライフサイクルと業務処理の管理が容易なものになる。常時接続されたシステムによって処理が監視され、異常値が検出されるとアラートが上がり、必要なアクションが実行される、といったスキームだ。主要業績評価指標（KPI）はリアルタイムで継続的に抽出され、契約条件との比較分析が行われる。また、機械学習アルゴリズムを用いれば、ネットワークに接続されたセンサーを資材や設備などに取り付け、そこから吸い上げられるデータの活用によって、違反活動や初動を予測することも可能となるのだ。

　従来の調達契約のほとんどは、関係者のリスクを最小限に抑えることを目的とした記述内容となっている。DSN環境では、透明性が担保されたエンドツーエンドのデータシステムによって信頼が醸成され、相互の利益、信頼、および公平性という共通のビジョンに基づいて条件が決定される協業契約が構築される。戦略的なサプライヤーリレーションシ

ップマネジメントを理解するためには、Frydlinger らによって導入された「公式なパートナーシップ契約」（＝当事者間の信頼関係に基づいて効力を生じる契約）を推奨したい。デジタル技術は、信頼に基づいて構築され、かつ共通のビジョンと6つの普遍的な指針（相互主義、自律性、正直、忠誠、公平、誠実）によって形成される各契約の管理業務をサポートする。また、このような類の契約および関係性には、これらの6つの指針は欠かすことができない。相互主義は、相互利益のための条件および意思決定を目的とし、自律性によって付加価値に基づいて決定を下すことの自由が確保される。正直さと忠誠心は、短期的なリスクヘッジの代わりに、相互の長期的利益に向けて正しい行いをしようとする意思を呼び起こす。相手方ビジネスとの公平性を保つことも重要であり、誠実さによって合意・目的・行動の整合性が調整されることとなる。

ブロックチェーンのアルゴリズムを適用した「スマートコントラクト」は、契約関連業務の高度な自動化を実現する。旧来型の契約もデジタル契約も、銀行のような中央集権的な機関が契約条件に従って取引を履行する必要があるが、スマートコントラクトでは、ブロックチェーン上に記述されたルールに基づいてトランザクションが分権化および自動化される。したがって、発注に対する資材搬送などのアクティビティが確認されると、スマートコントラクトにコード化された通りに条件照合と支払処理が自動的に実行される。つまり、ゲームのルールを設定し、遵守し、監視するといった概念は、DSN プロセスにおけるインテリジェントサプライにおいては、まったくの別物へパラダイムシフトすることになるのだ。

◉──── カテゴリーマネジメント

事業戦略にはカテゴリーマネジメント戦略が不可欠である。カテゴリーマネージャーは、ビジネスユニットを運営する上で、ビジネスの計画・実行のためのサプライヤーおよび製品のカテゴライズを行う。カテゴリ

ーは通常、製品グループまたはサプライヤーグループに対して分類される。一般的に使用されるカテゴリー例としては、MRO（Maintenance Repair and Operations）、直接材、IT、物流、プロフェッショナルサービスなどがある。インテリジェントサプライにおいては、カテゴリーの特定、戦略策定、戦略実行のためのプロセスとデジタル技術の再定義といった観点がカテゴリーマネジメントに含まれる。

　支出管理ツールと支出分析は、過去の実績および将来の計画を参照してカテゴリー別の実態を把握するために利用される。これらの情報は、すべてのサプライヤーおよび製品カテゴリーを通じて戦略立案のインプットとなる。コラボレーション型ツールを使用して、予測および予算計画をサプライヤーと共有することも可能となる。

　サプライヤー、製品、およびその他のカテゴリーに関するリアルタイムの市場情報は、戦略の実行と実績のモニタリングに有用な情報となる。より高度なインテリジェントサプライにおいては、センサーデータ、市場情報、プライシング、需要と供給の変動といった情報を統合して、コントロールタワーとして機能するカテゴリーマネジメント支援ツールへとつながる。情報をダイナミックに更新し、即時アクションへとつなげることも可能だ。

◉─────**サプライヤーネットワークコラボレーション**

　サプライヤーネットワークコラボレーションは、インテリジェントサプライの最も重要な機能の1つだ。デジタルツールを活用することで、従来は手の届かなったレベルのパートナーシップを実現することができる。サプライネットワークコラボレーションによって、イノベーションの促進、製品開発サイクルの短縮と顧客サービスの向上による収益増加、運用効率の向上によるコスト削減といったことがより促進される。

　インテリジェントサプライにおけるデジタルプラットフォームは、リアルタイムの情報授受を通じてコラボレーションを促進し、ネットワーク

を最適化する。サプライヤーや製造委託先は、依頼元から需要予測を受け取り、生産能力を共有して、取引条件を確認するが、もしサプライヤー側の供給能力と需要が一致しない場合は、生産計画同期のための最適化エンジンとサプライヤーコラボレーションポータルを通じて、代替のサプライヤーを速やかに特定することも可能だ。リアルタイムデータとリアルタイムコラボレーション（テキスト、音声、メモ、ビデオ通信のさまざまなチャネルを経由）をサプライヤーおよび委託先に提供することで、非効率な部分を排除するのである。

　サプライヤーネットワークは、イノベーションと製品開発戦略に欠かすことができない。新製品や新サービスを市場に出すスピードは、テクノロジー、専門知識、エンドツーエンドソリューションを補完するサプライヤーネットワークを活用することで改善できる。企業のネットワークを介してつながることができるサプライヤーは、製品開発、設計、プロトタイプ開発、テスト、物流などの面において、より能動的に役割を果たしてくれるのだ。

　イノベーションパワーは、エコシステムを築く他の企業と協力することで増大させることができる。イノベーションエコシステムは、製品設計、製造、マーケティング、テスト、人材供給などに関わるバイヤーとサプライヤーの関係において、さまざまな組織・プレイヤーが集う「るつぼ」と見なすことができる。これらのプレイヤーは、1つのネットワークで活動し、市場に役立つ製品の創造、設計、製造、および配送を行う。エコシステムは、主要な関係者の知識、ケイパビリティ、関係性を体系的に高め、研究開発戦略とサプライヤーマネジメント戦略を融合させることで大きな成功を生み出す。また、クラウドソーシングによってより多くの人々を巻き込むことで、更なるイノベーションの成果を獲得することができる。クラウドソーシングをサポートするテクノロジーは複数存在しており、クラウドソーシングによる製品とサービスの変革を目的にサプライヤーネットワークを活用する取り組みについても、数多くの成功事例がある。

　インテリジェントサプライは、バイヤーとサプライヤー間において、体系化・高度化されたコラボレーションを提供するプラットフォームとして機能し、トランザクション（発注、請求書、クレジットメモ）と評価指標に対するパフォーマンス情報をリアルタイムで可視化し、リスク軽減、契約パフォーマンス向上、コスト削減を実現する。共有された財務データ、予測、アラートを使用することで、リスクを軽減し、互いの価値を向上させるサプライヤーとのパートナーシップ強化を実現することができるのだ。

◉────── サプライヤー分析

　SCM プロセスで頻繁に使用される KPI にサプライヤーの OTIF（On Time in Full）があり、この指標に基づいて、サプライヤーは当該製品カテゴリーにおいてどの程度付加価値を出しているかといった観点でランク付けされる。インテリジェントサプライには OTIF でのサプライヤー分析を可能にする機能があるが、それと同時に、購買、原価計算、リードタイム、カテゴリーマネジメント、その他納品実績に関する複数の指標を準備してモニタリングを実施し、総合的に実態を把握した上で、付加価値創出に関するデータを抽出することも可能だ。

　包括的なサプライヤー分析は、クラウドで作成される「デジタルサプライヤーダッシュボード」での動的分析によって示され、サプライヤーとも共有される。詳細なサプライヤー分析により、リスク、拠点・工場のシャットダウン、災害、キャパシティ制約に関する早期の示唆出しを行い、将来を予測するサプライヤー管理が可能となる。ダッシュボード上では実際に発生した問題または将来発生すると予測される問題（異常検出アルゴリズムにて検知）に基づいてアラートを生成したり、ワークフローを自動的に起こして早期アクションを取ることもできる。デジタルダッシュボードでは、計画は同期化され、各種業務処理はダイナミックに実行される。需要はリアルタイムで検知、製品や資材の移動はネッ

トワーク上で可視化されており、トレーサビリティ機能も備えている。

　コスト、マージン、重要な設計要素、技術、プロセス上の制約といった各要因を理解することで、ネットワークの最適化と総コストの削減が可能となるが、これには、無駄を取り除き、制約の問題を解決することが必要だ。コストとマージンに関して高いレベルでコラボレーションと情報共有を行うためには、双方で利益が共有され信頼関係が構築されている状態でのみ実現できる。デジタルダッシュボードやデジタル化されたパートナーシップ契約などの透明性の高いツールやテクノロジーによって、信頼レベルはより強化されることになる。

　これまで述べてきたインテリジェントサプライの能力は、**図5-4** に示すように、さまざまなパフォーマンスパラメータで組織にプラスの影響を与える。これらの機能を組み合わせることで、収益の向上、総コストの削減、リスクの最小化、イノベーションの推進、組織の効率化を実現できるのである。

図5-4：インテリジェントサプライによるビジネス上のメリット

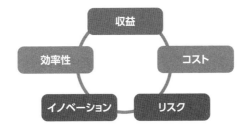

デジタル技術による
インテリジェントサプライの自動化

　これまでのセクションで説明したように、インテリジェントサプライは、SCM の「供給元（Source）」プロセスへデジタルツールを単に適用

するだけでなく、プロセスそのものを変革する概念でもある。新たなパラダイムにおいては、サプライヤーは最小コストでの最低限のサービスを提供する業者ではなく、パートナーであり、共同イノベーターでもあるのだ。この数十年間でビジネス環境は変化し、社内活動だけで創造できる付加価値イノベーションは全体の 60 ～ 80% を占めていたが、現在では平均 30% 以下に落ち込んでいる。こういった状況下で戦略をあるべき方向へシフトするには、調達チームが、製品開発、イノベーション、安定した製造の維持、運転資金管理、顧客サービスといった領域のリーダーとして、戦略的な役割を果たすことが必要である。

　インテリジェントサプライでは、人的リソースの調達において、直感的でシンプルでありながら、効率的で有意義なユーザーエクスペリエンスを生み出す。その調達プロセスは、分かりやすくかつ十分に管理された環境で、Amazon で製品を購入するのと同じくらい簡単で効果的だ。現時点では、カテゴリー別サプライヤーに関する情報の検索やリアルタイムの在庫管理といった業務のために、仮想的なアシスタントツールを検討している組織・企業はほとんどない。我々は、この分野における更なるイノベーションが、プロセスの効率性および容易性を更に促進すると見込んでいる。

　従来のサプライチェーンプロセスにある反復的で手作業の多いタスクを自動化することで、インテリジェントサプライは、チームメンバーが付加価値が高い戦略的な作業に時間を割くことを可能にする。現在では、請求書照合や資材配送状況の電話確認、OTIF 実施のための準備、発注書入力などの作業に膨大な時間が費やされている。反復的でルールに基づき実施されるタスクのほとんどは、RPA システムによって自動化・効率化されるため、調達プロフェッショナルはイレギュラーケースに集中することが可能となる。

　インテリジェントサプライにおいては、データが重要なインプットであり、複数のテクノロジーによってより一層強化されることになる。企業にとってどのような成果がもたらされるのか、どのような利点がある

かを**図5-5**に示したい。

　多くの調達マネージャーが抱く「すぐに利用できるデータを手に入れたい」という思いは、これまで満たされることがなく、紙の文書や古い取引履歴、Excelシートの山の中から有用なインサイトを探し出すしかなかった。インテリジェントサプライでその思いを実現することができるが、戦略データ、マスタデータ、取引データ、外部データなど多数のデータセットが必要だ。戦略データとは、現在・過去の契約、サプライヤーコストモデル、サプライヤーの生産能力、割当契約や代替サプライヤー情報などのことだ。マスタデータは、企業情報、事業所情報、リードタイム、輸送コスト、ロットサイズ、併注率などを含むサプライヤー情報のことを指す。取引データは、過去・現在・将来における発注や在庫情報などで、外部データには、商品市場のトレンド、税金・関税、当局規制、市場分析に関する情報のほか、分析や意思決定プロセスに影響を与え得るソーシャルメディアのような構造化されていないデータが含まれる。デジタルツールを使用すると、マスタデータと取引データを紙

図5-5：インテリジェントサプライにおける調達プロセス

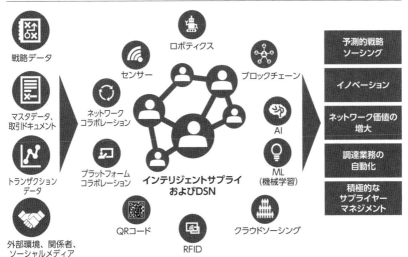

形式で、または複数の従来環境（既存システムなど）で、読みやすいデジタル形式に容易に変換し、すばやく参照することが可能となる。使い勝手の良いインターフェイスによって、データ全体をクラウドベースのシステムに取り込み、情報のレビューや計算を実施することができるのである。

　インテリジェントサプライのプロセスでは、**図 5-5** に示されるようなAI、機械学習、ロボティクス、クイックリファレンス（QR）コード、センサー、ブロックチェーン、RFID などの一連のテクノロジーによって高度な自動化が実現される。これらのテクノロジーにより、ネットワークコラボレーション、プラットフォームコラボレーション、およびクラウドソーシングが可能となるのだ。RFID、QR コード、センサーなどを活用すれば、リアルタイムでデータを捉え、データをクラウドに移管して簡易アクセスできるようにすることで、高度な意思決定を実行できる。ネットワークコラボレーションプラットフォームによる計画の同期化、需要情報の生成、需給ギャップ解消への迅速な対応といったことも可能だ。また、プラットフォームコラボレーションとクラウドソーシングは、プラットフォーム上で専門家に積極的に参加してもらうことで、特定の問題を解決し、組織のイノベーション能力を引き上げる。ブロックチェーンは調達プロセス向けのユニークなアプリケーションをもっており、特定の外部機関を必要とせずに自動約定が行えるスマートコントラクトを実現可能にしている。

　図 5-5 の右側に示されている通り、インテリジェントサプライのメリットやもたらす効果として、予測的戦略ソーシング、イノベーション、ネットワーク価値の増大、調達業務の自動化、そして積極的なサプライヤー管理が挙げられる。それぞれについて詳しく述べていきたい。

予測的戦略ソーシング：高度なカテゴリーマネジメントと支出分析を可能にする。カテゴリーマネージャーは、エンドツーエンドの情報を分かりやすい形式で可視化し、豊富なデータセットに基づくシミュレーショ

ンや機械学習アルゴリズムによって、顧客サービス、製造オペレーショ
ン、運転資金を最適化できるようになる。デジタル時代における支出分
析は非常に革新的だ。過去と現在の支出は、集計または非集計型データ
を使用し、支出最適化のための異なるレバーと軸を適用することで、さ
まざまなレベルでの詳細分析が可能となるのである。予測モデルでは、
短期・中期・長期の支出予測において、サプライヤーからの需要予測、
販売計画・オペレーション計画、将来のビジョンなどを取り込むことが
できる。DSN 内すべての結節点と関連するパラメータに基づく統合的な
アプローチで、生涯価値と一連の調達プロセスを踏まえた総コスト分析
が可能となるのだ。

イノベーション：現在の市場環境において組織が成功するための最重要
ファクターである。インテリジェントサプライの最も重要なメリットの 1
つは、企業のイノベーションプロセスにおける調達の役割の変化にある。
付加価値創出のためにサプライヤーと密に連携し、製品やサービスにイ
ノベーションを起こしていくことは、さまざまな組織・企業にとって欠か
せない動きである。インテリジェントサプライの一端を担うデジタルツー
ルは、他企業とのコラボレーションが容易でありながらも統制された環
境を作り上げることで、イノベーションを提供してくれるのだ。クラウド
ソーシングも、近年新たに発展してきたスキームであり、外部ネットワー
クのアイデアと知性を獲得することでイノベーションを推進することがで
きる。コラボレーションフレームワークにおけるこの革新的なアプローチ
は、ネットワークの利用価値に大きな影響を及ぼしている。

調達業務の自動化：インテリジェントサプライの大きなメリットであり、
多くの調達組織にとってやっかいな問題となっている定型的な繰り返し
作業にかかる工数を削減することができる。RPA は、現行のマニュアル
方式と比較して、請求書一枚あたりの処理コストを大幅に削減する。ブ
ロックチェーンは、P2P プロセスのトランザクションを確認・チェックし、

自動で支払プロセスを進めることができる。発注から出荷通知、配送、請求、支払い、決済まで、P2P のワークフローを自動化することで、時間を大幅に節約し、プロセスの効率を大きく向上させることが可能となるのだ。

積極的なサプライヤー管理：潜在的なリスクが顕在化する前に対処するための取り組みであり、ネットワーク内の需要・供給・製品出荷をリアルタイムで追跡することも可能とする。マスタデータやトランザクションデータ、その他供給に関連するデータセットへのアクセスが容易となり、計画同期化機能も備えられて、サプライネットワークの不確実性を最小限に抑えることができる。契約管理とルール監視をプロアクティブに行うことでコンプライアンスが自動的に遵守され、また、例外ケースが予測的に特定されることで、専門チームによる分析と解決が促進されるといったメリットもあるのだ。

まとめ

　調達活動は、従来のサプライチェーンマネジメントに不可欠な要素であり、ビジネスを継続させるために各種取引業務を担い、組織・企業の総コスト管理を支援してきた。インテリジェントサプライとは、DSN フレームワークによって変革された購買、ソーシングおよびサプライヤー管理活動であり、その新たな調達コンセプトは、企業のイノベーション、自動化、エンドツーエンドでの価値創造に焦点が当てられている。ブロックチェーン、AI、機械学習、センサー、RFID、QR コード、ロボティクスなどのテクノロジーが、調達活動の高度な自動化を促進する。インテリジェントサプライは、物理的な作業をデジタルコラボレーションと接続し、最先端のコンピューティングアルゴリズムを用いて示唆を提供し、収益向上、コスト削減、効率性向上、リスク軽減を実現するのだ。

日本の見解

　調達活動は、サプライチェーンマネジメントにおいてビジネス
を継続させるために外部との各種取引業務を行う重要な役割を担
っている。それに対して、インテリジェントサプライとは、付加
価値の向上、コストの最適化、リスクの最小化および業務の自動
化といった効果を実現する次世代の調達機能（購買およびソーシ
ング）のことであり、さらにはデータやテクノロジーを調達プロ
セス上で活用することを狙いとしていることを触れてきた。具体
的には、過去の実績を可視化、つまり結果を把握する世界から深
化し、将来の予測精度を向上し、それに従ってよりサプライヤー
との協業を進めることによりイノベーションを加速し、日常発生
する業務プロセスにおいては電子化、自動化による業務効率化の
加速、最後に供給リスクのリアルタイム監視によるエンドツーエ
ンドオペレーションのプロアクティブな最適化を行い、有事にも
柔軟に対応できる次世代のオペレーションを実現することにある。
　ここでは日本の調達活動の状況について目を向けていきたい。
まずは戦略的ソーシングについてである。この点については大き
く２つの課題を耳にする。１つ目は、戦略ソーシングに時間や工
数を十分に割けない、２つ目は、戦略的業務を担える人材が企業
内で限定的であることだ。日本では多くの企業で ERP システムの
導入により発注プロセスがシステム上で行われることが定着して
いると言ってよいだろう。ただ、調達部門が行っている業務で最
も多くの時間を費やしていることは OTIF（On Time in Full）、つ
まり購入品のタイムリーな納入を実現するために、生産の状況変
化と同期し、取引先との納期調整に奔走しているという声をまだ
まだ多く聞く。また、戦略的ソーシング活動を行うために必要と
なる情報は ERP のデータで蓄積されてきているが、その情報を即
時に可視化し、戦略検討に活用するには一定のマニュアル作業が
発生し、残された時間的制約から本質的な検討に割ける時間は限

定的になる、あるいはマニュアル作業の結果情報が一定時間経っており、鮮度がすでに古くなっているというジレンマを抱えることも多いだろう。言い換えると、データ利活用に対する負荷、またそれ以外の日常業務での奔走時間に起因し、残された時間で不十分な情報による意思決定を行わざるを得なく、結果として限定的な経験を有している人材がこの業務を支えるという負のスパイラルに入っているというシナリオが一つ想定される。

　また、サプライヤー管理も同様に、取引先を客観的視点で捉えるための情報は不十分で、結果として担当者間での信頼関係に局所的に依存する、あるいは機械的な競争見積により取引関係の健全性を保つということも考えられるのではないだろうか。

　しかしながら、このような業務の継続にはいよいよ限界が生じてきている。1つ目は工数の確保という観点だ。日本においても人材の世代交代が始まっており、かつ人材の確保も困難を極めつつあり、対応に増員をして対処をするという選択肢は考えづらい。また2つ目は昨今のESGやSDGsの機運の高まりだ。健全な取引の継続は基より、取引先の健全性を確保することが企業責任の1つになってくるため、その対外的な窓口である調達部門の役割はより重要になってきている。最後に、昨今のCOVID-19に端を発した対応力強化のニーズである。取引先が局所的に供給を停滞するリスクと共に、社内においても業務継続性のリスクを常に抱える状況になっている。よって、日本では優先順位が劣後されてきたと言えるデータやデジタルの利活用を最大化した業務プロセスへの変革は、今まさに優先度を上げて取り組む時期が訪れたと言えよう。

　多くの日本企業で、デジタルを活用したベースとなる業務基盤づくりを加速することが必要だ。日本では、ロボティクスの活用など定型業務の自動化や契約業務、支払業務の電子化など、定

型業務の自動化やペーパレス化が加速した。次はソーシング業務のデジタル化と考える。これは複数の課題解決の試金石になる。今後発生する業務のデータ蓄積と属人的な業務手順を標準化、平準化する。同時に、マニュアル作業に依存していた業務のデジタル化やペーパレス化の第一歩になる。その上で、今後のソーシングに対する知見の継承もデジタルを活用して行うことを前提とし、必要な機能をデジタル要件として具備しながらAIやアナリティクスを活用しながら業務を高度化するサイクルへと進めるべきである。具体的には従来手作業で行っていた品目カテゴリー分類をAIの機械学習機能を用いて自動化するという取り組みも始まっている。

　もう一つ重要な取り組みはサプライヤー管理における企業間の協業促進への着手だ。各企業はこれまで機密情報や他社との差別化領域と捉えていた情報が、先に述べたSDGsへのニーズに端を発し、開示すること自体が企業価値を高める材料の一つへと価値観が変わりつつある。今後、取引先へ情報開示要求を加速すると同時に、サプライヤーにとっては負荷のかかる複数企業への情報開示を効率化するために、複数企業間で開示情報の標準化や外部認証機関の活用を一定進めていくことが必要となる。

第6章

スマートマニュファクチャリング

　本章では、将来のデジタルサプライネットワーク（DSN）に不可欠な要素としての「スマートマニュファクチャリング」に焦点を当てて解説をする。スマートマニュファクチャリング、または世に言う Industry 4.0 の概念は、現場アプリケーションだけでなく DSN に沿ったビジネスの全領域をカバーしており、本章ではコアとなるスマートマニュファクチャリング技術、および部品や製品の物理的な生産と予兆型メンテナンスに関連するアプリケーションにフォーカスを当てて解説する。この章では、スマートマニュファクチャリング全般について把握し、DSN の幅広い文脈の中でどのような影響が起こりうるかを理解することを目的にする。

　従来のサプライチェーンの高効率化は、納期遵守、在庫の削減、計画生産時の部品・資源の確保を統合することに重点が置かれていた。例えば、最も効率的に組織化されたサプライチェーンと言われる自動車業界が実現した主要な成果は、ERP システムをもとにすべてのサプライヤー（Tier 1 〜 Tier N）の統合を実現したことにある。メルセデス・ベンツのシニアマネージャーによると、この成果によりブルウィップ効果（顧客の需要の変化が在庫水準の変動幅を増大させることでサプライチェーンの非効率につながる現象）を効率的に排除できたという。これは注目すべき重要な成果ではあるが、新しい DSN のパラダイムの出現により、すべてのステークホルダーの統合はさらに強化され、あらゆる層を巻き込む形になるだろう。データ交換だけでなくデータ蓄積（サプライヤーの製造オペレーションからの詳細なデータの可視化、顧客の製品使用データ、顧客の注文状況など）から得られる洞察なども重要になる。この新しいサプライチェーンの世界において、さまざまな試みが生まれ、そしてスマートマニュファクチャリングが DSN の重要な要素となる。データそのものの価値と、そのデータをサイバーフィジカルシステム全体で取得・分析・可視化・共有するテクノロジーは、スマートマニュファクチャリングの中心であり、DSN の中心である。

　本章は以下の構成となっている。まず第1に、スマートマニュファクチャリングおよび Industry 4.0 の歴史について簡単に説明し、主要な用

語を取り上げ、大企業・中小企業がスマートマニュファクチャリングを
どのように採用しているか、およびその過程で起こりうる課題と障壁に
ついて説明する。第2にスマートマニュファクチャリングの主要な要素
である接続性、仮想化、データ活用に着目してスマートマニュファクチ
ャリングの枠組みを包括的に解説する。第3に、スマートマニュファク
チャリングに関連する主要な技術、特徴、および実現要因について解説
する。第4に、高度な設備管理とスマート保守といったスマートマニュ
ファクチャリングの主要テーマを解説する。このセクションでは、スマ
ートサービスの影響を幅広く検討し、状態監視、予防保守、およびタイ
ムリーな予兆保全について論じることとする。

スマートマニュファクチャリングと Industry 4.0

　製造業は現在、一般に第四次産業革命（Industry 4.0）またはスマー
トマニュファクチャリングパラダイムと呼ばれるデジタル変革の真っ只
中にあり、「スマートファクトリー」という言葉が用いられることもある。
この変革の中核にあるのは仮想（サイバー）世界と物理（フィジカル）
世界の融合であり、サイバーフィジカルシステム（CPS）によってもた
らされる。製造現場レベルにおいては、スマートマニュファクチャリン
グは情報技術（IT）とオペレーション技術（OT）（図6-1 参照）を統合
し、工場だけでなく、バリューチェーン全体にわたった効果的かつ効率
的な情報伝達・活用が実現されることになる。
　Industry 4.0 とスマートマニュファクチャリングは、自動化とロボッ
ト工学の文脈でしばしば議論されており、人が担っている労働を排除す
るのではないかという脅威として見なされることがある。しかし、スマ
ートマニュファクチャリングの重要な側面の1つは、人の創意工夫に明
確に焦点を当てることにある。ロボット工学と自動化は、工場で働くオ

ペレーターを反復的で負担が大きくかつ危険な肉体的作業から解放する。一方、スマートマニュファクチャリングは労働者を反復的で負担の大きい知的作業から解放することを目指している。さらに、Operator 4.0 のような概念は、先進的なスマートマニュファクチャリング技術（AR：拡張現実など）を活用し、オペレーターに権限と能力を提供することに焦点を当てている。

　スマートマニュファクチャリング・スマートファクトリーは、設備、人、プロセスおよびデータをデジタル環境を経由してつなげることにより、効率性と品質の向上を実現する製造工場の姿である。**図6-2** にスマートファクトリーの例を示す。デジタル環境に接続された自動ロボットは、材料梱包ケース上の情報をスキャンした後、受け取った材料を適切な保管場所に移動させる。在庫情報はリアルタイムで自動的に更新される。無人搬送機は、必要な製造工程に必要なタイミングで材料・製品を供給し、ピッキングと在庫情報の更新を行う。製造プロセスは完全に自動化されており、映像認識に基づく現場品質モニタリングとディープラーニングの組み合わせにより、品質問題発生を即時に特定することが可能となっている。工作機械などの物理的な設備のデジタルツイン（後述にて

図 6-1：IT と OT の融合によるスマートマニュファクチャリング

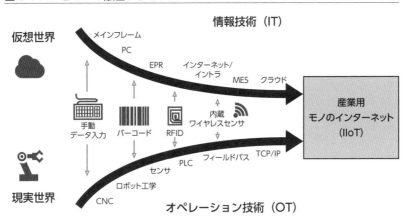

図6-2：スマートファクトリーのイメージ

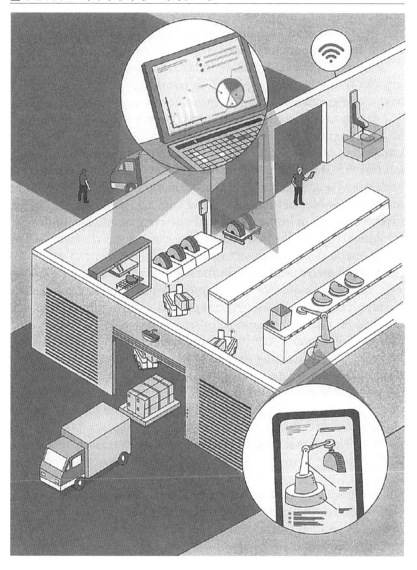

解説する）により、オペレーターはデジタルデバイスを用いてリアルタイムに材料・製品の流れと設備の稼働状況を監視し、シミュレーションすることができる。オペレーターは、現場のアラートを受信したのち、センサーアクチュエータ応答が可能なモバイルデバイスを用いて遠隔からの直接的な対処、または必要に応じてマニュアル的な対処を行う。工作機械が故障することが予測される場合には、全スペアパーツのデジタルファイルに基づくアディティブマニュファクチャリング（付加的製造技術）を使用して、当該スペアパーツを適宜必要に応じてジャスト・イン・タイムで製造することができる。OEE（装置総合効率）や生産効率などの指標をリアルタイムに可視化するコマンドセンターでは、工場の進捗状況を確認することができる。計画からの逸脱が生じた場合、コスト、品質、納期への影響を最小限に抑えるための動的な対処が施される。

スマートマニュファクチャリングは世界中で、今まさに推進されている取り組みである。あらゆる主要な工業国と新興経済国は、未来に向けて製造業界のデジタル化・スマート化を進めることが重要であると認識している。「スマートファクトリー」という用語は主に米国で使用されているものであり、Industrie 4.0（ドイツ）、Industrial Internet（米国）、China 2025（中国）、Make in India（インド）、Smart Factory（韓国）などのさまざまな名称で呼ばれることもあるが、これらの取り組みの目的・中核は共通している。

究極的には、スマートマニュファクチャリングとは、テクノロジー、データ、および人間の創意工夫を組み合わせることにより、データドリブンな判断に基づいて新たな付加価値のある行動がなされる製造業の姿と言える。

◉────── **スマートマニュファクチャリングの歴史**

スマートマニュファクチャリングは決して新しい概念ではない。1990年代には「インテリジェント・マニュファクチャリング」という言葉が

生まれ、その当時の予測が現実のものとなりつつある。

　今日、私たちがスマートマニュファクチャリングまたは Industry 4.0
と呼ぶ枠組みは 2010 年初頭に初めて表舞台に現れ、この後 4 〜 5 年間
で注目を集めてきた。「第 4 次産業革命」というキャッチーで広く使用
される用語（Industry 4.0 または I4 とも呼ばれる）は、ドイツの製造業
にデジタル技術を活用した革新的な未来を実現することを目的とし、ド
イツ政府のイニシアチブによって 2011 年に誕生した。製造業において
通常の技術進歩をはるかに超えた劇的なデジタル変革が進んでおり、そ
れゆえに革命的であるということを示唆している。我々人類は歴史上、
これまで 3 つの異なる産業革命を経験してきた。第一次産業革命の特徴
は、18 世紀後半に織機の機械化が進み労働形態が劇的に変化したこと
である（Industry 1.0）。また 20 世紀初頭の第二次産業革命で導入され
た分業あるいは大量生産は、製造業の様相に恒久的な変化をもたらした
（Industry 2.0）。さらに最近の 1970 年代頃、製造現場での自動化と IT
化が第三次産業革命を形作った（Industry 3.0）。現在では、仮想世界と
物理世界の融合（CPPS、サイバーフィジカル製造システム）が製造業
の将来に影響を与えると考えられ、この産業革命が「Industry 4.0」（**図
6-3**）と呼ばれている。このデジタル変革は、製品の設計、製造、調達、
出荷、保守の運用を継続的に変える可能性を秘めている。

　このデジタル変革を軸とする新たな産業革命の実現に伴い、製造シス
テムの複雑さは増大し、各企業は将来の競争力を確保するために新たな
課題と障壁に取り組む必要が出てきている。

◉─────**スマートマニュファクチャリングに関する用語**

　スマートマニュファクチャリングは多くの学者やビジネスパーソンに
とってまだ比較的新しい概念である。したがって、最初のステップでは
主要な用語解説とシステム構造の定義をすることで、読者にとっての理
解の基礎を作りたい。

　スマートマニュファクチャリングは、「効率的かつ即応性の高い製造オ
ペレーションを可能とするための製造現場における重要データを集約し、
効果的に活用できるアプリケーション群」と表現することができる。ス
マートマニュファクチャリングの定義として重要なことは、人間による
創意工夫と、製造データによって生まれる知識の掛け合わせであるとい
う点である。スマートマニュファクチャリングを構築するシステムは、
センサーと高度なデータ分析を通じて製造オペレーションを改善する
IT・OT 統合（＝複合型 CPS）と類似したものである。
　私たちはしばしば「スマートマニュファクチャリング」と「アドバンス
ド・マニュファクチャリング（先進的製造）」を同様の意味で使うことが

図 6-3：4 つの産業革命とその主要技術

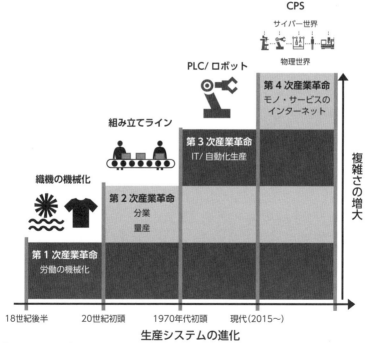

出典：Wuest、2019 年

ある。しかし、確かに重複はあるが、この2つの用語は本質的には異なるものである。スマートマニュファクチャリングと先進的製造は、新しい製造の姿における別々の領域を表しており、Industry 4.0 という1枚のメダルの表裏とみなすことができる（**図6-4**）。スマートマニュファクチャリングの中核は接続性、仮想化、およびデータ活用であり、先進的製造の焦点は自動化、ロボット工学、および付加的製造などのプロセス技術にある。とはいえ、この2つの概念の間に明確な境界線はなく、企業は将来の成功を見据えて両方の考え方に対処していく必要がある。

◉──────大企業、中小企業における障壁と課題

　産業のパラダイムシフトについて語るとき、主に最前線にいるのは規模の大きいグローバル企業であり、彼らは最初に新しい技術や手法の恩恵を受ける。しかし同時に先駆者として、（レイトマジョリティーがある程度避けることができる）ハードルや障壁を克服しなければならない。これはスマートマニュファクチャリングにおいても同様に言えることである。シーメンス、LG、メルセデス、GE のような大規模な多国籍企業（MNE, Multinational Enterprises）は、デジタル変革に多大な投資と人的資源の投入を行っている。

　一方、多くの中小企業（SME, Small and Medium Sized Enterprises）は、さまざまな理由からこのパラダイムシフトに苦慮している。Mittal らは、MNE と SME がスマートマニュファクチャリングへの取り組みをする上で影響する要因比較を行った（**表6-1**）。これは一般論であり、ス

図6-4：スマートマニュファクチャリングとアドバンスド・マニュファクチャリングはメダルの表裏

アドバンスド・ マニュファクチャリング 物理的なモノづくり技術にフォーカス	スマート マニュファクチャリング データとデータ分析にフォーカス

出典：Wuest、2019 年

マートマニュファクチャリングに関して MNE よりも先をいっているハイテク SME が存在していることに注意は必要だが、大多数の SME は苦戦しているのが事実であり、これらの要因の理解はその原因特定の一助となるであろう。

　これらのスマートマニュファクチャリングの要因と DSN にはどのような関係があるのだろうか。MNE と SME が直面しているさまざまな障壁と課題を理解することは、エンドツーエンドのバリューチェーンに両タイプの企業が含まれていることを考慮すると、重要なことである。現実として両タイプの企業間でデジタル格差は起きており、デジタル成熟度の異なる企業が DSN の中で協働する際にはこの潜在的な障壁を克服す

表 6-1：SME（中小企業）と MNE（大規模な多国籍企業）の特徴とスマートマニュファクチャリングへの要因比較

特長	SME	MNE
財務資源	低	高
先端製造技術の活用	低	（非常に）高
ソフトウェア基盤（データ分析を含む）	低（特注のソリューション）	高（標準化されたソリューション／プラットフォーム）
研究開発活動	低	高
製品の特徴性	高	低
標準化	低	高
組織構造	複雑性は低く形式ばらない	複雑で形式的
業界知識・経験	特定領域にフォーカス	広い領域にわたる
大学・研究機関との連携	低	高
企業の重点活動	外部委託	組織内部

出典：Mittal et al., 2018 年

る手段を検討する必要がある。そうでなければDSN全体の性能と有効性を危険にさらすことになる。障壁は多様であり、例えばIT/OT機能レベル、従業員のスキルレベル、データ分析レベル、製造現場の自動化度合などに企業間の違いがある。それらすべてを詳細かつ包括的に議論することはできない。これらの課題はDSN内で共通認識化し、オープンに議論する必要がある。そうすればプロアクティブにこれらの問題に対処でき、サプライネットワーク全体にかかるリスクを制御することができる。対策として、DSN外のパートナーによるスマートマニュファクチャリングに立ち遅れている中小企業のスキルアップや、運用標準化、知見共有、専門知識の関係者間での共有などが挙げられる。

スマートマニュファクチャリングの主な要素

スマートマニュファクチャリングは、多くの側面をもつ、非常に広範で複雑なトピックである。本書では理解を促進するために、スマートマニュファクチャリングを3つの主要な要素（接続性、仮想化、データ活用）に分解した。このセクションではこれらのコアとなる各要素について詳しく説明する。

◉───接続性

接続性（コネクティビティ）は、スマートマニュファクチャリングの3つの主要な要素の1つである。スマート化以前の製造環境（第3次産業革命、Industry 3.0）では、コンピュータやPLC（プログラマブルロジックコントローラ）の活用および自動化はすでに製造現場で実現されていた。第4次産業革命はこの基盤の上に形作られており、さらにこの基盤は設計ツール（CAD、CAMなど）や生産計画ツール（ERP、MES

など）を工作機械、オペレーター、顧客、サプライヤーなど基本的に
すべてのステークホルダー・製造機能に接続することによって拡張して
いる。その手段としてのIoTについては、後のセクションで詳しく説明
する。

　なぜ、この接続性が主要な要素の1つとして認定されるほど重要なの
だろうか。その要素の一つの側面として、データ収集システム（例えば
センサー）、製造装置（例えば工作機械）、および分析目的のITシステ
ムを接続し同期することは、高度な分析を通じて信頼性の高い洞察を得
るために必要な要件という点である。このシステム（または製造システ
ム）を真に「スマート」と呼ぶためには、直感ではなく定量的なデータ
に基づいて意思決定し、行動に移す能力が必要である。

　接続性のコアとなる要素のもう一つの側面は、企業間・拠点間また遠
距離間の接続機能である。クラウドサービスを活用した製造は、そのク
ラウド内でさまざまなアプリケーションを活用することができ、さらに
は顧客や営業、サプライヤーや外部製造委託などと情報連携できるため、
例えば効果的・効率的な生産計画・スケジュールの策定につなげること
が可能になったりする。接続性がなければ、大規模な分散型DSNにお
いて利害関係者と関わり、相互作用することは事実上不可能である。そ
のため、スマートフォンやウェアラブル機器、コネクテッドカーに「常
にオン」している今日の私たちの私生活と同じように、接続性はDSN
だけでなく、スマートマニュファクチャリングシステムの主要な要素で
あり、必要不可欠な要件である。

◉──── 仮想化

　仮想化は、スマートマニュファクチャリングの第2の基本要素である。
仮想化とは、物理的な「イベント」をさまざまな形式でデジタル／仮想／
サイバー環境に複製または導入するプロセスを指す。仮想化は、すべて
の高度な分析を可能にし、IIoTのほとんどのアプリケーションのバック

ボーンとなっている。今日の仮想化の最も顕著な例の1つとして、クラウド内の物理資産の仮想表現であるデジタルツインが挙げられる。GEのジェットエンジンのデジタルツインは、おそらくこのようなシステムの最もよく知られた例であるが、部品から工場レベルまで、無数の洗練された事例が存在しており、また日々開発も進んでいる。

　スマートマニュファクチャリングにとって、仮想化が可能にする主な特性は、データ共有化と効果的なデータの見せ方である。データ共有化は、DSN におけるさまざまな側面で必要不可欠なものである。技術面では、機器の監視、診断、修理、故障予測（予知保全）が可能となる。

　ビジネスの観点から見ると、DSN 内でステークホルダーがより緊密に統合されていることから、データ共有化は信頼関係を築くための重要な推進力となる。効果的なデータの見せ方は、製造現場で増え続けるデータおよび分析結果と、その結果確認手段が限られている意思決定者をつなぐ架け橋として重要性を増している。簡単な例として、生産工程から収集されたセンサーデータを生データの形でデータベースに表示することはできる。しかしこの表示方法は、リアルタイムの更新情報を必要とする工場管理者にとって役に立つものではない。また、製造ライン現場で作業しているオペレーターにとっても意味のある情報にはならない。データの中にはさまざまな洞察が隠されているが、それらをどのように可視化するかが、効果的かつ効率的な業務プロセスを実現する鍵となる。この場合、プラント管理者にとって最適なデータの見せ方は、稼働レベルを示す緑、オレンジ、赤のライトを表示するダッシュボード活用となるであろう。オペレーターにとっては、ハンズフリー通信が可能な AR（拡張現実）スマートグラスを介して、製造プロセスにおける振動データや熱曲線などの選択された詳細情報を得ることができるカスタマイズされたインターフェースなどになるであろう。

◉―――― データ活用

　スマートマニュファクチャリングの第3の基本要素はデータ活用である。接続性により、製造現場、物流、営業オペレーションから大量のデータを収集、通信、保存することができる。仮想化は、データから得られた洞察を伝達することを可能にし、現場作業・現場オペレーターと意思決定者間の架け橋となる。データ活用は、高度な分析を通じて、データに意味をもたせ、製造実行・管理において価値ある洞察に変換する手段である。スマートマニュファクチャリングはデータドリブンな革命であると言われることが多く、このパラダイムシフトにおけるデータとデータ分析の重要性を的確に示している。

　製造業における高度なデータ分析は、データドリブン型と物理ベース型の両方のモデリングが担っている。スマートマニュファクチャリングの文脈では、データドリブン型アプローチがより顕著であり、教師あり・教師なしの機械学習（強化学習を含む）はきわめて頻繁に利用されている。金属のアディティブ・マニュファクチャリングのような新しい製造プロセスは、生まれながらにしてデジタルな製造技術であり、この実現のためには、データを用いた高度な分析を必要としている。データドリブン型のモデリングにおいてはデータにラベル付け、つまり主キー・サブキーなどカテゴリー付け・意味を持たせることで、よりデータを効果的に活用することが可能となる。製造領域は、製造に関わるデータにラベル付けができる多くの知見者が存在するという利点があり、高度なデータ分析が進みやすい環境にあることは間違いない。スマートマニュファクチャリングにおけるデータとデータアナリティクスは「スマート」という言葉が示す中核と言える。

スマートマニュファクチャリングで実現されること

スマートマニュファクチャリングは、可視化、自動化、データ分析によって工場とオペレーターの能力を拡張し、オペレーションの安全性を維持ししつつも最適な製造設備と人作業の効率化を実現することができる。スマートマニュファクチャリングの機能は次のように要約できる。

- リアルタイムな状態監視
- オペレーションの最適化
- 工場自動化

リアルタイムな状態監視：リアルタイムな状態監視は、製造設備とセンサーを活用した情報ネットワークの構築により実現される。張り巡らされたデジタルツインの網目により、工場全体のリアルタイムな状態を可視化・表示することができる。

オペレーションの最適化：DSN における最適なオペレーションは主に2つある。1つ目は最適な生産スケジュール、2つ目は正しいパラメータによる生産スケジュールの実行である。最適な生産スケジュールは、顧客需要、設備稼働、生産効率、段取り、部品・部材、および人員計画をDSN 内で同期させて策定される。実際のオペレーションとしては、この最適化は異常値に基づくリアルタイム適応のみならず、継続的な監視、分析、およびシミュレーションによって実現される。

工場自動化：スマートマニュファクチャリングを実現するデジタルテクノロジーの主な部分として、設備稼働情報（センサー）、生産スケジュール情報（計画システム）、倉庫情報（倉庫システム）、製造情報（MES

システム）、資材移動情報（輸送システム）が核となる。これらの統合されたシステムと業務プロセスは、ロボットと AGV/UAV を介した材料の移動、保管、および輸送といった工場内の付帯作業を自動化することができる。在庫の計上、搬送および請求書生成などの処理業務は RPA（ロボティック・プロセス・オートメーション）によって自動化することができる。ただし、これらの単純作業の自動化において、自動化の実装と改善、自動設備・自動処理の監視、アラートや例外イベントへの対応には、人的リソースが引き続き不可欠であることは変わらない。

スマートマニュファクチャリングを
実現するための技術

　前セクションでは、概念的なレベルで新しいスマートマニュファクチャリングの枠組みについて説明した。ここからはこの産業革命を実現した具体的な技術についてもう少し掘り下げてみたい。最初に、スマートマニュファクチャリングを定義する主要な技術、特性、および実現可能要因の全体像を説明し、次に IIoT とサイバーフィジカルシステムの 2 つの重要な要素に焦点を当てる。

◉─────**スマートマニュファクチャリング技術を実現するための要因** *

　研究開発領域と産業応用領域の双方において、スマートマニュファクチャリングの方向性は、関連技術、特性、および実現要因を中心に展開がなされている。企業にとってどのようなテクノロジーがスマートマニュファクチャリング実現に関連しているかを理解し、評価や投資に見合う価値があるかを判断することは重要なことである。研究機関や専門学者は、現在の業界のニーズに対応するための技術開発を進め、製造業に学生の未来のキャリアを準備するための新たな研究領域を開拓し続けて

いる。

*Mittal et al 2019 の要約。

　このセクションでは、スマートマニュファクチャリングに関連した 38
の技術、27 の特性、および 7 つの実現要因を包括的に説明する。技術
として機械学習や拡張現実（AR）、特性として俊敏性や分散制御、実
現要因は STEP 標準や MTConnect などである。本書ではその詳細リス
トから意味的な分類によってクラスタリングした。その結果を**図 6-5** に
示す。左の列に技術クラスタ、中央の列に特性、右の列に実現要因を並

図 6-5：スマートマニュファクチャリングの技術、特徴、実現要因

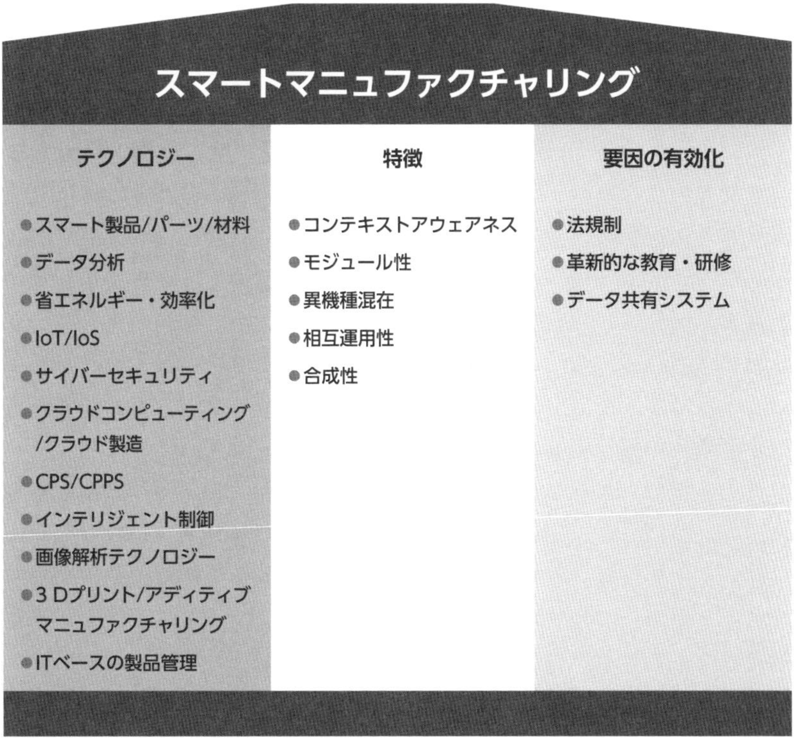

スマートマニュファクチャリング

テクノロジー	特徴	要因の有効化
●スマート製品/パーツ/材料	●コンテキストアウェアネス	●法規制
●データ分析	●モジュール性	●革新的な教育・研修
●省エネルギー・効率化	●異機種混在	●データ共有システム
●IoT/IoS	●相互運用性	
●サイバーセキュリティ	●合成性	
●クラウドコンピューティング /クラウド製造		
●CPS/CPPS		
●インテリジェント制御		
●画像解析テクノロジー		
●３Ｄプリント/アディティブ マニュファクチャリング		
●ITベースの製品管理		

出典：Mittal et al., 2019

べた。このリストは、文献における専門家の知見を反映させるため、透明性と公平性が担保されたプロセスで導き出したものである。今回、本著者の固定概念を排除するため、一貫性のない用語の使用がこのリストに反映されているケースがあることを留意いただきたい。

　続いて、中核的なスマートマニュファクチャリングの技術である IoT/IIoT と CPS/CPPS と、新たなパラダイムである Operator 4.0 について簡単に解説する。

◉━━━━**産業用モノのインターネット（IIoT）**

　IoT は、物理的なオブジェクト（モノ）と仮想世界（インターネット）を相互接続するグローバルなインフラストラクチャである。IoT は、接続されたあらゆるモノ同士の通信を容易にすることで物理世界と仮想世界を完全に融合する、という考え方も含んでいる。端的には、あらゆるモノをインターネットに接続すること、と言い換えることもできる。IoT を通じてあらゆるパーソナルな環境、家庭、職場にある何千ものスマートデバイスが接続されているのは周知の事実である。Amazon の Alexa、Apple の iPhone やウェアラブルデバイス、Philips の Hue などがそれにあたる。

　第 4 次産業革命は、単に現場の自動化を進めることではなく、インターネットによって企業のあらゆるレイヤーの活動を高度に接続している産業形態への移行と言える。したがって、スマートマニュファクチャリングの本質は、産業環境における IoT の導入と応用、いわゆる産業の IoT（IIoT）である。IIoT は、米国では単に産業用インターネットと呼ばれることもある、スマートマニュファクチャリングと同義でよく使用される 2 つのコアテクノロジーの 1 つである。IIoT と IoT の違いを理解しようとした場合、IIoT は製造設備、工作機械、オペレーター、IT システム、スマート製品などの産業環境における資産や「モノ」の接続に着目した IoT のサブセットであると言って間違いない（**図 6-6**）。IIoT の

前提条件として、産業用資産には、ネットワーキング機能、センシング機能、インターネット接続機能が備わっている必要がある。製造環境で接続されるデバイスとして、モバイルタブレット、スマート棚、工作機械、製品そのものなどが挙げられる。

　IIoT 分野における重要なトレンドとして、IIoT プラットフォームの登場がある。複数のベンダーにより、さまざまな汎用型または特定企業特化型のアプリケーション、サービス、データ分析を制御できるプラットフォームが提供されている。そのほとんどのプラットフォームは、相互の運用性と、さまざまなデバイス・製品・サービスを接続する機能を保証する特定の規格に準拠している。さまざまなマイクロサービスやアプリケーションで構成されるプラットフォーム製品は、専用の画一的なソ

図 6-6：モノのインターネットの応用分野

フトウェア製品への投資に代わり、多くの顧客にとって非常に魅力的なものとなっている。しかし市場はまだ初期的な段階にあるため、これらのプラットフォームの真の相互運用性と有用性についてはまだ不確実な点が存在していることも事実である。図6-7に、データ・情報、およびナレッジ機能に対応することのできるIIoTプラットフォームの概要を示した。

図 6-7：IIoT プラットフォームにおけるデータ、情報、ナレッジ比較

産業用インターネットの情報・ナレッジ機能	GE Predix	MyJohn Deere	Bosch IoT Suite	Kaa IoT Platform	Microsoft Azure	PTC Thingworx	CyberLighting CyberVille	Industry Hack	Yammer
データアクセス / 収集	＋＋	＋＋	＋＋	＋	＋	－	－	＋＋	－
データ集約 / 共有	＋＋	＋	＋	＋＋	＋＋	＋＋	＋	－	－
データ保管	＋	＋	＋	＋	＋	－	－	－	－
分析・可視化	＋	＋	＋	＋	＋	＋＋	＋＋	＋	－
情報共有	＋	＋	＋	＋	＋	＋	＋	＋	＋
データ・情報の意味付け	－	＋	－	－	－	－	－	＋＋	＋＋

出典：Menon et al., 2018

◉ ──────── サイバーフィジカル（製造）システム（CPPS）

　サイバーフィジカルシステム（CPS）は、物理空間に構築されている現実をサイバー（デジタル）空間にモデリングし、デジタル空間で最適計算された結果に基づき、物理空間へフィードバックを行うことで、物理空間でのパフォーマンスを最大化するという概念（コンセプト）である。CPSは、物理システムに組み込まれた演算システムであり、物理世界とサイバー世界を緊密に融合させることが可能である（図6-8）。この物理的システムには、データを収集および処理するためのセンサー、アクチュエータ、およびマイクロプロセッサが設置されている。IoTはインターネットを介して物理的な存在を仮想世界に接続することでCPSを

図 6-8：CPS による物理空間と仮想空間のつながり

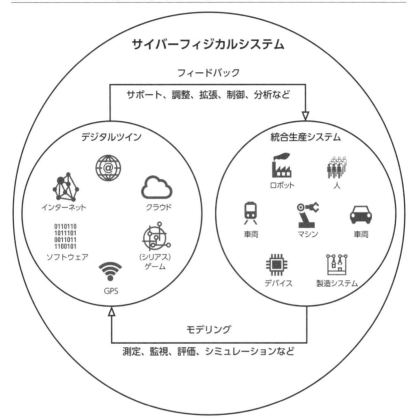

実現する手段と言える。

　デジタルツインなどのデジタル的な表現手法により、CPS とそのサブシステムは、仮想シミュレーションと物理的プロセス（実際の工作機械などを用いた製造プロセス）を介して、あたかもそっくりな形で相互通信および相互作用することができる。Cardenas らは、CPS を「物理世界の監視・制御と、コンピューティング・通信機能の統合」と表現している。「サイバーフィジカル製造システム（CPPS）」という用語は、イン

テリジェンス、接続性、および応答性という 3 つの主要機能が利用可能
な、製造領域のアプリケーションとして特徴付けることができる。

　CPPS は、物理システムと仮想 / サイバーシステムを相互に接続する
テクノロジーであり、IIoT を技術的に実装している姿である。CPPS と
IIoT は、スマートマニュファクチャリングを可能にする 2 つの中核技術
である。IIoT はネットワーク、接続性、感覚的な観点からインフラスト
ラクチャを構築し、CPPS は特定システムを接続するための技術要件を
構築するものである（**図 6-9**）。

図 6-9：サイバーフィジカルプロダクションシステム（CPPS）とデジタルツイン

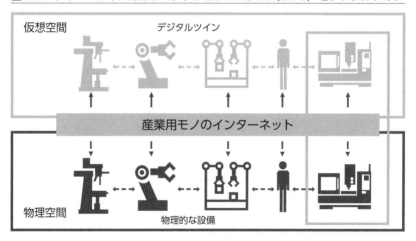

◉────Operator 4.0

　未来の工場では、人の作業と創意工夫の掛け合わせが重要な役割を果
たす。技術の活用によって人間の作業能力を高める概念が Operator 4.0
である。Operator 4.0 は、人間の創意工夫は置き換え可能なものではな
く、スマートマニュファクチャリングの未来に不可欠なものであるとい
う前提に基づいている。未来の工場におけるオペレーターは、継続的か

つリアルタイムの技術サポートを受け、非常に強力で、情報が豊富で、十分に安全で、常時ネットワークとつながっている存在となる。この新世代のテクノロジーによって強化されたオペレーターは、いくつかのタイプの拡張機能を利用しながら工場現場やオフィスに登場し、個々に、あるいはその組み合わせで、このテクノロジー革命の中心的存在となる可能性がある。

　Operator 4.0 は「人的なサイバーフィジカルシステム（CPS）、人間と機械の高度な相互作用技術によって実現され、かつロボットとの"協調作業"だけでなく、必要に応じて機械による"支援作業"も活用する賢く熟練したオペレーター」と表現することができる。重量物運搬に必要な強度を得るための外骨格型パワードスーツや、遠隔保守を可能にするためのスマートグラス、安全管理のためのスマートウェアラブルなどを活用するオペレーターといった具体例がすでに存在する。この他にもさまざまな事例、特に製造現場の内外で（精神的にも肉体的にも）過酷で、ストレスが多く、危険な作業をしているオペレーターに対し、テクノロジーが積極的にサポートする場面が想定されている。

高度な設備管理

　工場の製造実績は、設備の稼働状況に依存する。工場稼働の現実として、すべての機械は時間とともに故障する可能性があり、その結果として生じるダウンタイムが効率低下、製品欠陥、単位当たりコストの増加、および顧客オーダーへの製品不足を引き起こしうる。停止時間の最小化とプラント効率の最適化は工場の保守担当者にとって最も重要なタスクである。OEE（Overall Equipment Effectiveness）と RUL（Remaining Useful Life）は工場管理者にとって重要な指標である。OEE は製造パフォーマンスの指標として使用され、設備稼働率、能力および設備そのものの品質を示しており、RUL は設備不具合が発生するまでにどれだけ稼

働時間を確保できるか、またはどれだけ製品生産サイクルを回すことができるかを測定したものである。ここでの目標は、高い OEE を持ち、アップグレード、修理、または交換の前に可能な限り最大の RUL を確保することだ。

　設備メンテナンス戦略は、**図6-10** に示すように、事後対応型、予防型、予兆型、自律型に分類できる。デジタル変革の加速化に伴い、予兆型メンテナンスは自律型メンテナンス戦略に沿うように成熟してきたため、これら2つの用語はしばしば同じ意味で使用されている。

　事後対応型および予防型メンテナンスは伝統的なサプライチェーンにて広く使用されている概念であるが、予兆型のアプローチは DSN モデルに密接に関わっている。事後対応型から予防型、予兆型、そして最終的には自律型への移行について、以下で解説をする。

図 6-10：設備メンテナンス戦略による効率性・OEE への影響

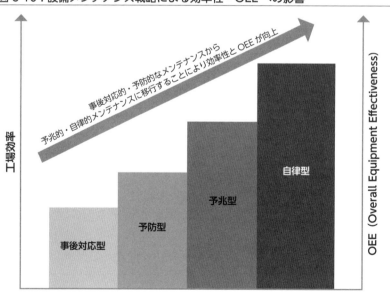

事後対応型から予防型へ：事後対応型メンテナンスは設備の障害発生後の対応であり、そのため予期しないダウンタイムや安全上の問題が発生することで、場合によっては数百万ドルのコストがかかることもある。設備故障による損失に加えて、故障の発生は設備寿命そのものを減少させ、かつ設備が故障を引き起こす前の長期間にわたり製品生産能力を低下させている可能性がある。これは、設備が最適でない状態の上での状態逸脱によって引き起こされる。予期せぬダウンタイムや製品品質の低下リスクを回避するために、予防的なメンテナンス戦略を採ることが一般的になりつつある。予防型戦略では、ダウンタイムイベントとしてのメンテナンスの実施が生産計画に組み込まれている。本質的に予防的アプローチは非常に保守的であり、予備部品は耐用年数いっぱいまでの使用がなされず、早期の部品交換や修理をすることになる。さらにこの予防型メンテナンスは決して確実ではない。

予防型から予兆型へ：DSN の手法に合わせた予兆型アプローチは、「設備故障を事前に予兆して防ぐ」モデルに基づいており、障害発生時期の予測をメンテナンス計画に組み込む。この故障予測は、機械学習アルゴリズムを介した事前修理を実施するため、過去の設備性能および保守サービスに関するデータを使用する。このメンテナンス戦略は what-if シミュレーションを使用した最適シナリオを策定するものである。その結果、部品の使用効率を上げ、工場効率を向上させ、製品あたりのコストが削減され、また安全な工場環境を実現することができる。

予兆的から自律型へ：スマートマニュファクチャリング環境では、センサーを使用して工場稼働の状況をリアルタイムで取得し、推奨動作パラメータおよび過去の障害との比較を行う。稼働状況の分類と予測モデルを使用してデータ分析し、想定される障害を予測し、推奨される対応行動の示唆を行う。自律型が予兆型と大きく違う点は、障害イベントと障害時間がより正確に予測されるだけでなく、自律的なシステムによって

予測されるメンテナンスの問題に対応するアクションプランが自動的に示唆され、人的介入を最小限に抑えて設備稼働を最適化できることである。設備は最適な運転パラメータで使用されるため、機械の寿命と製品品質が最大化され、プラント効率が向上し、より生産的な労働者が増加し、製造製品の単位当たりコストを最小化する。このモデルはより多くのデータを繰り返し使用することでプラント効率改善の好循環をもたらす。

　予兆メンテナンス戦略におけるアプリケーションは、データモデリング、デジタルツイン監視、および高度なスペアパーツ管理としてさらに発展することができる

◉─────**デジタルツインによる予兆モデリングとメンテナンス**

　設備の故障予兆は、機器の動作パラメータと過去の故障のデータを機械学習アルゴリズムに入力することで実行可能である。分類モデルを適用した教師あり学習を使用して、問題を特定し作業者に警告を伝達することができる。例えば、過去の故障の情報から機械部品の重要動作パラメータ（例えば振動）がラベル付けされ、正常閾値として使用される。そして回帰モデルを使用し、現在の条件から障害が起きるまでの時間を予測することができる。

　デジタルツインとは、この章の前半で説明したように、リアルタイムの動作情報を取得することができるセンサーネットワークを備えた、物理的設備のデジタル的な表現である。デジタルツインは、設備の稼働時間を最大化し、パフォーマンスを最適化するために活用されている。デジタルツインにより適切なスケジュール管理ができることに加え、リアルタイムの状態監視が容易となり、最適な運転条件での設備運用、効率性・収益性の最大化をすることができる。

　デジタルツインの概要を**図 6-11** に示す。図の左側には、センサーとアクチュエータが追加された物理アセットがあり、右側にそれらのデジタルレプリカがデジタルデバイスまたはコンピュータ上に表示されている

ことを示している。センサーとアクチュエータは搭載されている集積回
路により、デジタルモデルとの通信が可能である。センサーデータに加
えて、デジタルレプリカは製造実行システム（MES）および製造基幹シ
ステム（ERP）のデータによってさらに拡張することができる。機械か
らデジタルデバイスにデータを送信することができ、実際の設備に対し
てオペレーターが任意のアクションを取ることができる。あるいは、ア
クチュエータによる双方向的な対応も可能であり、デジタルデバイスか
ら物理的な設備への信号を人の干渉なしに直接送ることもできる。集計

図 6-11：デジタルツインの概要

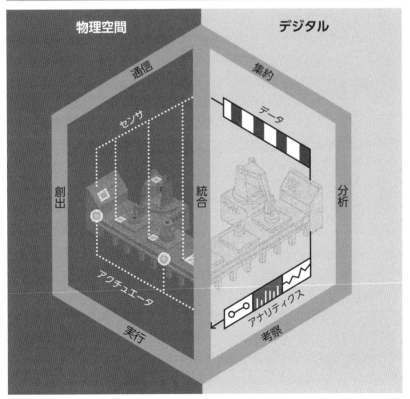

出典：Deloitte University Press、デジタルツイン

されたデータは機械学習アルゴリズムで分析され、通常これらの結果は
表形式、グラフ、アラートで表示される。アラートは、物理的な設備に
手動で対応するワークフローを作成することも、双方向フローのデジタ
ルツインを介してアクションを開始することもできる。このようにして、
フィジカル〜デジタル〜フィジカルのループが完成する。

　デジタルツインの集合体を活用することで、工場全体をデジタル環境
にマッピングできる。このリアルタイムの監視と制御のためのデジタル
レプリカは、コマンドセンターと呼ばれている。コマンドセンターにマッ
ピングされたすべての設備の動作データ（切削速度、変位、トルクなど）
と環境データ（温度、湿度など）の両方が、機械学習モデルに伝達され
る。クラウドの演算機能は、製造プロセスの効率性とマシンの状態を分
析し、障害を予測することができる。また、生産ラインに流れている製
品の画像をクラウドに上げ、過去データに基づいて良品と不良品の比較
をすることができる。データモデリングでは、これらのパラメータを使
用し、RUL と潜在的な障害予測時期の分析を行うことができる。

　結果として、デジタルツインにおける設備コンディション管理により
早期の問題特定が可能となる。例え製造製品の品質が許容品質範囲内
であったとしても、不良につながる傾向を検知すればアラートが発生す
る。データの傾向・トレンドへの対応を図ることで、一貫した品質レベ
ルを維持し、障害リスクを軽減し、設備の耐用年数を最大化することが
できる。

◉──── **高度なスペアパーツ管理**

　スペアパーツは、メンテナンス作業者による設備の消耗部品交換や修
理によって消費される。例え 1 ドル以下の部品であれ不足が生じれば、
工場操業停止による数百万ドルもの影響を招く恐れもある。このような
現象の複雑さを理解するために、数十種類の完成品のために数万個にも
およぶスペアパーツが準備されているという事実があることを理解して

ほしい。各工場のそれぞれで何千ものスペアパーツ部品の在庫を抱えることにより、膨大な物理的なスペースを必要とする。さらにこの状況は運転資金を停滞させ、部品や設備の段階的な廃止の際のリスクを増大させる。

　この問題を解決するために、デジタル時代の高度なスペアパーツ管理では、機械学習アルゴリズムとアディティブ・マニュファクチャリングを活用する。

　スペアパーツ在庫不足の問題を解決するために、機械学習アルゴリズムを使い、予兆メンテナンス計画とパーツ交換必要数を予測する。適切なパーツを適切なタイミングで適切な場所に配置し、コストを最小限に抑えることができる。

　アディティブ・マニュファクチャリングは、スペアパーツ管理そのものを再定義する可能性をもつ技術である。アディティブ・マニュファクチャリングで作成可能な部品については、物理的な在庫の代わりにデジタルファイルを在庫資産（物理的な空間を必要としない）として保存し、計画的な保守の際や故障による設備停止などが発生した場合に、必要な部品をオンデマンドで 3D プリンティング生産する。このアディティブ・マニュファクチャリングによるスペアパーツ戦略が、きわめて大きな利点となる特別なケースがある。その１つの例として、航空母艦のように、補給基地から遠く離れたところで運用され、艦船自体のみならず艦載された戦闘機、ヘリコプター、ドローン、地上車両のための多数の異なる予備部品に対応しなければならないケースである。在庫品をアディティブ・マニュファクチャリング運用に取り替えることで、物流面で大きなメリットを得ることができる。しかし、アディティブ・マニュファクチャリングを大規模に活用するには、新たな生産方式ゆえの認証、信頼性、その他の問題を解決する必要がある

　また高度な設備管理により、スマート保守と呼ばれる新しいサービスモデルが可能になり、設備機器メーカーとユーザーにとって Win-Win の関係を構築することができる。設備メーカーは、製造現場にある設備

が最適動作されているかを、センサーネットワークとコマンドセンターを介して追跡および管理することができる。クラウドコンピューティング技術を用いることで、この監視は設備メーカーから遠隔で行うことができ、修正の大部分は双方向ネットワークを介して行うことができる。もし手動介入が必要な場合でも、工場の保守担当者が VR（仮想現実）の実現技術を用いて遠隔指示の下で作業を行うことができる。

まとめ

　Industry 4.0 の幕開けとともに、製造業に急速な変化が起きている。データはこの変化を促進する生命線であり、各企業はその変化への追随に奮闘をしている。新しいスマートマニュファクチャリングテクノロジーとメソッドの採用から得られるメリットは大きく、企業がグローバル規模で競争力を維持するためにこの取り組みを進めることに疑問の余地がない。この取り組みをいかにして最も効果的に実行できるかが唯一の問いとなる。ROI（投資収益率）を明確にして問題解決型のスタンスを採ることで、企業は重要な知見を得ることができ、社内の懐疑的な人々も取り込むことができる。しかし最新の DSN は複雑なシステムであり、ある時点で個々のスマートマニュファクチャリングソリューションを統合し、ネットワーク全体で拡張性の高いメリットの享受につなげていく必要がある。

日本の見解

スマートファクトリー成熟度

　デロイトでは、本章における「スマートマニュファクチャリング」「スマートファクトリー」の成熟度を、以下の4段階で定義している。

- ◉ Lv.1：データの可視化
  工場内のデータが誰でもアクセス可能で、改竄できない状態
- ◉ Lv.2：意思決定に必要な情報の可視化
  人が決めた定義に則りデータ加工、成形が自動で行われ、人が意思決定を行える状態
- ◉ Lv.3：データ分析による現場改善
  人が決めた定義に則り、将来起こりうる問題が自動で特定され、人へアクションが促される状態
- ◉ Lv.4：予兆に基づく最適化・自動化
  定義されていないアウトプットでも工場が自律し、将来起こりうる問題を特定し、人の意思を介さずアクションを実行する

　本章ではDSNの文脈で、主にLv.3〜4の世界観が中心に語られている。ただし日本において、この成熟度レベルに達している企業は少ないのが実態である。その理由の一つとして、日本企業におけるスマートマニュファクチャリングの取り組みは個別業務領域に特定された実証実験や実装に留まり工場全体に波及しないこと、つまりボトムアップ型のアプローチが主流であることが挙げられる。本章にもあるように、DSNというデジタルを介したサプライチェーンネットワークにおいて、グローバル大企業と中小企業では障壁の差があることは事実である。しかし、海外のグロ

ーバル企業は本社トップダウンアプローチにより DSN を牽引している事例が多くあり、一部技術導入に積極的な中小企業も然りである。企業全体としてデジタル化、スマートマニュファクチャリングの取り組みを行えるための戦略、組織、人材、インフラ（デロイトはこれらを素地課題、イネーブラーと呼ぶ）が極めて重要ではないかと考える。

日本におけるスマートマニュファクチャリングの現況

　とはいえ、一括りに日本のスマートマニュファクチャリングが遅れているというわけでは決してない。例えば、製造業の屋台骨を支える組立業界（特にハイテク産業）においては、生産現場とその上流である設計領域、下流である物流・サービス領域の一気通貫でのデータ連携と業務改革を進めている企業が複数ある。これらは単に工場における生産性向上のみならず、トレーサビリティや対応リードタイムの観点で大きな差別化となる可能性を秘めており、モノづくり現場における"すり合わせ"技術を培った熟練者による「創意工夫」をデジタル化・ナレッジ共有化として組み込むことで、よりアドバンテージとなり得る。

　また組立業界のみならず、製造業のインフラとも言うべきプラント産業でも日本独自のスマートマニュファクチャリングに取り組む動きがある。ある企業では 10 年後に向けた自社のあるべき姿を定義し、その実現に向けたテーマとロードマップを描き、具体的なプランに落とし込む取り組みを行っている。その取り組みは単に業務改善に留まらない、積極的なデジタル技術・システムソリューションを活用した"未来の製造の姿"を目指す活動と言える。

日本のスマートマニュファクチャリングを
活発化するためには

　あらゆる全社業務改革において重要なのは、トップダウンによる経営者の強いコミットメントと、ボトムアップの各業務領域の優秀な社員によるクロスファンクションチームの取り組みの両輪である。しかし、ことデジタル化を伴う業務変革において、その改革が成功するかどうかの不安や葛藤、また疑念が存在するため、強いトップダウンが下せない企業も多くあるものと推察される。

　トップダウン・ボトムアップの両輪が機能している例として、工場長が「デジタル技術を活用したモノづくりはこうあるべし」という仮説をもち、また社員にも同様に考えさせ、その認識合わせの機会を粘り強くもち続け、単なるデジタル化ではなく、コミットした適正な KPI に基づき、継続的な活動とすることで、経営・現場の双方が納得感のある目指す姿やデジタル施策、ロードマップ策定に落とし込めた製造企業もある。ここで重要となるのは、デジタル技術やソリューションを導入することを目的とは決してせず、目指すべき工場の姿を実現するための課題解決の手段としてデジタル技術を知り、活用をするというアプローチである。

　スマートマニュファクチャリングは、初期段階からデジタルマイスターが必要なわけでは決してない。工場のもつ課題・目指す姿（例えば QCD 向上、安全性確保、環境対応など）の定義がまず一歩であり、その実現に向けた強力なツールとしてデジタルの適用を検討するアプローチが重要である。デジタルの知見がゼロベースの場合は、外部有識者やデジタルソリューションベンダーとの討議の機会を作ることも有用である。また、これらの活動全体を支えるイネーブラー、つまりスマートマニュファクチャリング

に向けた戦略、組織、人材、インフラという、業務担当レベルにとっては一つ視座の高い討議を、今後を担うコアメンバーで設定することも極めて重要である。このような活動を通じて会社全体のデジタル業務改革、DSN に対する理解へのリテラシーを上げ、さらに高いレベルでのスマートマニュファクチャリングの実現により経営的なベネフィットを享受できる。

第 7 章

動的（ダイナミック）フルフィルメント

　動的（ダイナミック）フルフィルメントは、デジタルサプライネット
ワーク（DSN）フレームワークにおける重要な機能である。フルフィル
メントと倉庫業務の効率性は非常に重要である。従来型のサプライチェ
ーンを DSN に移行させるには、フルフィルメント業務がダイナミックで
よりインテリジェントになり、物理的側面とデジタル側面の調整を調和
的にサポートする必要がある。この章では、伝統的な直列型サプライチ
ェーン管理下でのフルフィルメント業務が直面する重大な制約と課題に
ついて簡単に解説する。次に、DSN 動的（ダイナミック）フルフィルメ
ント機能のビジョンを掘り下げ、それがどのように従来の枠組みやルー
ルを変えるか、その属性、静的サプライチェーンが直面する課題と制限
にどのように対処するか、そしてその開発をサポートする有効なテクノ
ロジについて解説する。

サプライチェーンと
従来のフルフィルメント

　戦略的なサプライチェーンプロセス統合に対する試みと進歩にもかか
わらず、従来の静的で直列型のサプライチェーンでは、計画、生産、物
流および輸送に多くの制約があり、これにより、販売と補充の連続的、
反応的、逐次的なサイクルが実行される。典型的な注文履行サイクルは、
顧客から始まり、顧客で終わる。顧客はニーズを認識し、注文書を作成
して仕入先に発注する。そして仕入先が受注を処理、準備および出荷す
る。顧客は製品を受け取り、確認し、代金を支払う。従来の小売流通チ
ャネルでは、通常、顧客が実際の店舗を訪問するか、あるいは別の手段
で発注を行う必要があり、販売会社のほうはいくつかの相互に依存する
組織を活用して製品またはサービスを提供する。しかし、相互に依存し
ている一方で、その組織のまとまりはサイロ化されていることが多く、
その内部プロセスとチャネル間プロセスは完全には接続されておらず、

直列的で事後対応的な論理に従って動作している。

　このような環境では、組織はほとんどの場合、市場の情報に対する不正確なフィードバックに依存していて、労働力の使用率やスケジュールなどのキャパシティ要素をやり繰りし、需要を満たすために供給に焦点を当てたオプションを使用しており、需要予測の精度を向上させるために多大な労力を費やしている。その結果、企業は予期せぬ大量注文や関連イベントによって在庫切れに陥るリスクに直面し、最終的には供給不足や供給途絶につながるのが典型的な事例である。需要を満たすために需要に焦点を当てた手段を使用する場合、伝統的かつ静的なサプライチェーンを使用している多くの組織は、未熟な価格変更戦略またはバックオーダーを使用して需要に影響を与えようとし、良い場合でも限られた結果しか得られず、最悪の場合は損失を被る。問題をさらに複雑にしているのが、従来のサプライチェーンをチャネル別にセグメント化する一般的な手法である。この傾向は、在庫とインフラストラクチャの重複を引き起こし、リスクとコストを増大させる。

　企業は、ERP を使用してプロセスを管理することで、サプライチェーン全体の在庫を仮想化しようとしてきた。しかし、E コマース・フルフィルメント、オムニチャネル・サービス、そして従来よりも要求の厳しくなった顧客は、在庫を調整するために必要なサプライチェーンにおけるパートナー企業の数を増やすことにつながった。この進化し、複雑化する市場シナリオの下では、サプライチェーンにおけるパートナー企業に自社の ERP システムへのアクセスを提供することはより困難となる。オンラインでの注文は拡大を続けており、配送スピードへの期待も強くなり続けている。その結果、ピッキングはより複雑になり、納期はより厳しく、より遵守することが困難なものとなっている。サプライチェーンのフルフィルメント・コンポーネントは、大量注文、低マージン、無駄のない資産配分、厳しいデッドラインなどの只中で、さまざまなオペレーションを調整する必要が出てきている。

　また、企業は通常、サプライチェーンの計画に従来の月次サイクルを

使用してきた。この慣行には、一連の需給不均衡を見直し、戦略的な意思決定を行うことが含まれる。この従来のプロセスの課題は、相互に関連するトレードオフ事項に対処するのに時間と労力がかかり、エラーが発生しやすく、多くの場合コストがかかることである。従来の物流業務では、ネット環境に接続されたデバイスやセンサーの使用が増加しているが、物流センターや倉庫を介した商品の保管、移動、配送の場面では、従来のサプライチェーンの下で、未だに商品の損傷や腐食、欠品出荷に直面している。在庫切れや過剰在庫が頻繁に発生し、サービス・レベル維持と運用が邪魔されることがしばしば起こる。さらに、企業は、ラストマイル配送のために従来の輸送方法に依存し、ルートを最適化するためにスタンドアローン型の GPS ナビゲーションの使用に依存している。その結果、他の情報を排除することで結果が制限され、プロセスが最適なものでなくなるのである。

DSNと動的（ダイナミック）フルフィルメント

　動的（ダイナミック）フルフィルメント機能は、物流センターと物流業務における高度なワーカーソリューションで構成されている。アイテムの追跡と表示（自律的で、拡張され、ネット環境に接続されたプロセスと計画）がされ、リアルタイムで共同作業ができる。これらの要素を組み合わせることで、企業は顧客が必要としているものを感知し、DSN全体でリアルタイムの調整を行い、需要のシグナルに対して最適な対応を行い、適切な顧客に適切な製品を適切なタイミングで提供できるようになる。**図7-1** はこのような概念的な視野を示している。動的なフルフィルメントネットワークは、そのコンセプトとして、相互接続されたエコシステムで構成されており、製品の計画、生産、および配送を常に形作り、シームレスなカスタマーエクスペリエンスを提供する。
　この図は、顧客のニーズを感知してすべてのアクティビティと資産を

リアルタイムで同期化および調整することから、製品を効率的に提供することまで、ユーザーエクスペリエンス全体にわたって統合する基本的なニーズを示している。

図7-1に示されているデジタル相互接続は、企業にとっての顧客、企業組織内の機能領域、およびパートナーのネットワークに優れた洞察力、相当の機敏性、および関連するコストに対してのより包括的な理解をもたらすはずである。DSNによって可能になる予測機能により、フルフィルメント組織は、従来のデータセットと新しいデータセットを分析し、ソーシャルデータ、顧客在庫の可視性、リアルタイムの需要を組み合わせて需要を検知することができる。

物理的ネットワーク全体のさまざまな資産をIoTセンサーで接続することで、組織は可視化、認識、意思決定のため、従来のサプライチェーンにおける複雑な情報の流れを、DSNの中心となる核の部分に集中させることができる。センサーを使用すると、組織は物理的な資産の場所、

図7-1：DSN動的（ダイナミック）フルフィルメントの概念図

状態、およびパフォーマンスを監視できる。また、顧客の ERP システムを経由して情報を取得することなく、顧客の施設に導入されている自社製品を同じように監視できる。

　DSN は、自律的でスマートな計画で統合されたビジネス計画を提供することにより、フルフィルメント計画を定期的な実施から継続的かつリアルタイムな活動に変換する。

　図 7-1 に示すように、自律移動ロボット、自律ステーション、インテリジェントロッカー、ドローンなどの革新的な製品供給・配送メカニズムとそれらの組み合わせにより、物流コストの最適化と俊敏性の向上をサポートし、顧客に優れたサービスを提供する。さらに、これらの機器は常にネット環境に接続されているため、その場所とステータスをリアルタイムで把握でき、企業は輸送中の出荷を調整して、予期しない事象や新たな出来事の発生に対して迅速に対応できる。DSN 倉庫には、自動化された管理および実行システム、固定／移動ロボットと協働ロボットの組み合わせが実装されており、それらがフルフィルメント活動を実行することで、人的作業の範囲、性質、およびその度合いを変えるのである。

　また DSN 倉庫には、オンラインとオフラインの両方、および B2B チャネルと B2C チャネルに動的にサービスを提供する機能も存在する。

動的（ダイナミック）フルフィルメントの特性

　図 7-1 が示しているように、DSN の動的（ダイナミック）フルフィルメントを実現するには、相互に接続されたエコシステムのシグナリング、供給ネットワークのトレーサビリティ、オムニチャネルへの適合性、スマート配送オペレーション、スマート配給オペレーション、およびスマートネットワーク設計など、図 7-2 に要約されているいくつかのサブ機能が必要である。

　第1に、相互接続されたエコシステムのシグナリングとは、ネットワークのさまざまなエンティティを同時に横断するデータの自動伝送である。これには、供給、需要、発注と履行、返品の承認、および製品のライフサイクル終了情報に関連するシグナルが含まれる。このサブ機能により、複数の視点によるリアルタイムの可視性が提供され、ネットワークの透過性が向上する。また、顧客の応答性も向上するが、これは簡単ではない。このサブ機能開発の初歩的な例として、大手テクノロジー企業が、出荷を予測するために、AI対応のカスタマーアシスタント、オンライントラフィック、過去の購入履歴などからの情報を統合することを計画するというものがある。顧客が特定の製品の必要性に気づいたとき、同社はすでに、複数の手段で収集され、強力な分析によって処理された

図 7-2：動的（ダイナミック）フルフィルメントの各特性

データ信号に基づいて、その製品を事前に配置している、という考え方である。最終的な結果としては、受注を受けた会社は数時間以内には注文を処理することができ、送料が下がる可能性があるというものである。初期のコンセプトは、在庫を現地で事前に配置することに基づいているため、この先行出荷モデルは、今後ドローンや自律地上ロボットによるラストワンマイル配送を含むように進化する可能性がある。

　サプライネットワークのトレーサビリティとは、ネットワークを流れる商品の出所、保管場所の移転、移動を可視化することである。製品の原産地から最終消費者まで、製品の位置とプロセスに関する知識を提供する。このサブ機能により、ネットワークの安全性、説明責任への対応力が向上し、市場における基準や品質要求に対するレベルの向上、および新しい法律の厳格な基準に対応できるようになる。こうしたサブ機能の興味深い事例として、オランダのある食料品店チェーンのものがある。彼らはトレーサビリティと産地の透明性を提供することで、自社ブランドのオレンジジュースの顧客とブラジルで使用している持続可能なオレンジ畑を結びつけている。ジュース1本には、さまざまな生産者のオレンジが入っているかもしれないが、QRコードを使うことによって、消費者はパッケージをスキャンして、そのオレンジが農場からスーパーマーケットの棚まで移動した経路を知ることができる。また、ブラジルにある25のレインフォレスト・アライアンス認証農園で収穫されたオレンジの割合や、収穫時期、更には甘さの程度も確認できる。

　オムニチャネル適合性とは、異なるチャネル間のフルフィルメント・プロセスを包括的なシステムに統合することである。複数のサービス・ポイントを介して、顧客のオーダーの確認、集約、調整、履行をサポートする。つまり、このサブ機能は、さまざまなチャネルにわたる柔軟なフルフィルメント・オプション、短いフルフィルメント・タイムと低コスト、エンドツーエンドの可視性、優れたカスタマー・エクスペリエンスをサポートする。このサブ機能は、Eコマースサイト、モバイルアプリ、実店舗の間で注文管理を同期する大手小売業者のユースケースで説明す

ることが可能である。顧客は店舗を訪れる前に、何がその店舗で売られているか、在庫が有るかをオンラインで確認することができる。従業員はタブレットを使用して在庫をリアルタイムで監視し、顧客をサポートし、在庫がなくなった場合には、需要に応じて在庫を即座に補充することができる。この属性により、チャネル間の在庫の可視化と管理が可能となる。

　スマート配給オペレーションは、効率的で適応性の高いサービスを提供するために、さまざまなタイプの倉庫内および倉庫間で、柔軟性が高く、データ主導型で、バランスのとれた人間とテクノロジーの相互接続を実現する。これらのアクティビティには、注文の動的な識別、受入、ピッキングおよび梱包、製品のカウント、保管および検索などが含まれる。このサブ機能は、リアルタイムの可視性をサポートし、プロセスの最適化を可能にし、即時の変更に対応する機能を提供し、エラーを削減または排除する。米国と中国の大手テクノロジー企業は、数百台のロボットを展開し、棚のピッキング担当者のいる場所まで動的な移動、協働ロボットの追加、倉庫内でのドローンの運用などを実験している。これらの潜在的なメリットとして、昼夜を問わず同じコストで倉庫を運用できること、業務の精度が高いこと、スペースと人材を有効活用できることなどが挙げられる。

　スマート配送オペレーションとは、自律的、効率的、および高速配送サービスのための最適なモードおよびルートのデータ主導型動的自動選択である。このサブ機能は、顧客の利便性の向上、効率性の向上、納期の短縮、リアルタイムの可視性、環境規制へのコンプライアンスをサポートする。例えば、あるオンラインの生花店はテクノロジーマッピング企業と提携して、生花店への無限負荷配送への要求に経路上の地点情報を活用することで対処した。バレンタインデーなどの特別な日には、5時間に1,000件の配送が行われる可能性がある。ナビゲーション・システムは、複数のデータソースを統合し、配送オーダーを自動的にクラスタ化する。このシステムは、経路を最適化し、注文状態の追跡と通信を

提供するために、リアルタイムの交通状況を組み込む。これらの機能に加えて、物流会社は、顧客が集荷時間と場所を指定することを可能にし、この情報をナビゲーションシステムに送信して経路を動的に更新する。

　最後に、スマートなネットワーク設計とは、柔軟な個々のフルフィルメントポイントの役割と能力の、アジャイルかつデータ主導型の調整および割り当てである。通常、顧客により良いサービスを提供し、リソースにアクセスするためにネットワークを設計することは、非常に理にかなっているが、企業の経営幹部は、顧客価値を創出するために、構成と、さまざまなオペレーションをどの程度連携させる必要があるかを決定する必要がある。スマートネットワーク設計のサブ機能は、相互接続によりデータを収集し、負荷の分散を仮想空間でシミュレーションし、迅速な再計画を支援し、変化する顧客のサービスへの期待に応える能力を強化する。サプライヤーおよびロジスティクスプロバイダーは、対象企業と仮想的に連携し、変化する需要に対応するためにストレージと処理能力を動的に変更することができる。例えば、あるEコマース企業は、Eコマース・フルフィルメント立ち上げから全米の流通センター（DC）のネットワークを活用して、フルフィルメント能力を急速かつ劇的に拡大した。**図7-2** は、DSN動的（ダイナミック）フルフィルメントのさまざまな構成サブ機能をまとめたものである。

動的（ダイナミック）フルフィルメントとその特質を可能にする技術

　DSNの動的（ダイナミック）フルフィルメントのサブ機能をサポートするには、経営者とサプライチェーンの専門家が適切なスマートテクノロジーを選択して導入する必要がある。新しい技術によってフルフィルメントが最適に機能することで、需要の季節変動やさまざまな製品需要などの出来事に迅速に対応することができる。自律型ロボットやドロー

ンを使った物流、スマートデバイス、IoT、AI などは、柔軟なフルフィルメント能力の構成要素である。これらのテクノロジーを適切に組み合わせて統合することで、設備と商品の移動の追跡、作業効率の向上、在庫レベルと廃棄物の削減、品質不良のデジタル化を支援する。フルフィルメント作業における自律自己学習ロボットとスマートデバイスの使用は、効率的な方法で環境の動的変化に対処する能力を DSN に提供できる。具体的には、オムニチャネルフルフィルメント、合理化された倉庫と輸送、リアルタイムの可視性、変化する状況と需要への適応性をサポート可能である。ここでは、動的なフルフィルメント機能とその特性をサポートし実現可能とする技術の代表的なカテゴリーを挙げてみたい。

◉─────無人航空機

　無人航空機は、**表 7-1** に示されているように、ラストマイル配送、サプライチェーンの可視性、インフラストラクチャの検査と制御、在庫のピッキングと移動に関する機能を提供することができる。運用範囲はまだ限られているが、顧客サービスを向上させ、ラストマイル配送を変革する可能性は計り知れない。米国をはじめとする各国でドローンの商用運用が認められており、トラック、倉庫、店舗からの輸送など、コンセプトは急速に進化している。一部の大手物流業者は、ラストワンマイル

表 7-1：物流・フルフィルメント領域におけるドローンの活用例

使用環境	活用目的	用途
屋外	ラストマイル配送	● トラックからの配送 ● DC からの配送 ● 店舗への配送 ● 空からの配送
屋内	在庫の可視化および制御の向上	● 在庫検品 ● 在庫移動 ● 設備点検 ● ヤード管理

を配送するために、車両からドローンを飛行させる計画を立てている。この一般的なコンセプトでは、いくつかの大手 OEM がドローンの設計者と提携して、移動中の車両へのドローンのドッキングを検討している。別の大手ロジスティクスプロバイダーは、ドローンが作動する RFID タグと顧客へのテキストメッセージを備えた近隣のステーションを利用することを計画している。別の送達方法としては、制御されたパラシュートを介して配送物を落下させる案などがある。ドローンのホバリング機能と地上ロボットを組み合わせたコンセプトも存在する。

　RFID スキャン技術を搭載した無人航空機は、倉庫内の在庫をリアルタイムで可視化することが可能である。このアプリケーションでは、ドローンが倉庫内を移動し、RFID タグをスキャンして実地棚卸を実行する。在庫管理に関しては、在庫監査、在庫管理、循環棚卸、品目検索、緩衝在庫管理、在庫管理にドローンを利用できる。例えば、ある有名小売業者はドローンを使って、100 万平方フィートの配送センター全体の在庫を 1 日で確認することに成功した。可視化以外にも、企業はドローンを利用してピッキングや在庫の移動を行い、利用空間を垂直的な次元に拡大できる可能性がある。ドローンは、天井が非常に高い配送センターの中の、非常に高い棚にある在庫を片付けたり、ピッキングしたりすることができる。マシンビジョン、センシング、学習の最新技術を取り入れたロボットの革新により、ピッキングやパッキングなどの複雑な作業においても、ロボットが人間と協調して作業できるようになるだろう。

　倉庫や配送センター内における屋内ナビゲーションの技術も進化していることから、ドローンは現場で工具や予備部品を迅速に配送できる可能性がある。一部のプロバイダーは、3D 深度センサー、360 度の広角カメラを備えた 3D スキャナ、および視覚ベースのローカリゼーションおよびマッピングアルゴリズムを組み合わせた、屋内ナビゲーション用の高度な技術の開発を開始している。ドローンは最終的に、ドローン同士や他のマシンとの協働作業が可能になる。ネット環境に接続されたシステムは、リアルタイムで大量のデータ・ストリームを交換および処理して、

すべてのリソースの移動を最適に同期させることができる。例えば、ロボットストレージ検索システムは、ドローンまたは自律移動ロボットと通信して、商品を動的に検索することができる。商品はロボットに補充され、移動式の仕分け機はドローンや地上にあるロボット車両などの自己完結型輸送管理ソリューションと通信できる。現在市場で利用可能なソリューションとしては、位置精度を向上させるために、ドローンと自動化された地上車両を組み合わせ、上部に位置補正のためのキャリブレーション・ボードを搭載しているものがある。このソリューションでは、ドローンをケーブルで地上の車両につなぎ、バッテリー駆動時間を長くしている。

　ラストマイルと倉庫業務の交差するポイントとして、トレーラーヤードがある。ドローンは、大量の輸送や在庫資産を追跡し、適切な管理を可能にすることで、ヤードの管理を支援できる可能性がある。輸送車両は、総輸送時間の 40% もの時間を目的地または出発地のトレーラーヤードでアイドル状態での駐車に費やしているかもしれない。ドローンを使った監視は、混雑していたりアクセスが困難な地域では特に有望である。ドローン活用の可能性があるもう 1 つの分野は物流である。ドローンは、製品、部品、または支持材（ダンネージ、パッケージング、シュリンクラップなど）を DC から別の DC に、または製造拠点から DC に運搬できるかもしれない。例えば、ドローンは近くの倉庫から工場の作業場まで部品を運ぶことができる。このアプリケーションでは、資材を離れた場所から必要に応じて輸送先に移動したり、サプライヤーが部品やコンポーネントをジャストインタイムで OEM に配送したりすることができる。例えば、工場の敷地内でスペアパーツを自動飛行の無人機に運ばせたり、欧州においては実験サンプルをドローンによってオンサイトに配送することなどが、ロジスティクスにおける使用例として挙げられる。自律ドローンが成熟するにつれ、倉庫や配送業務での実用化は、そのベースとなる DSN に柔軟性と俊敏性をもたらすだろう。

◉─────自律走行搬送ロボット（AMR）

　無人搬送車（AGV）として業界で一般的に知られている無人の自動
誘導型の産業向け車両は、倉庫、配送センター、および製造工場への資
材の移動、倉庫からの資材の移動、および倉庫から製造工場への資材の
移動を自動化するために、これまで使用されてきた。この AMR は、付
加価値のない反復的な資材の移動と配送に代わるものである。近年、新
しい技術に基づいた新しいタイプのロボット車両が、このソリューショ
ンをよりスマートで高速にしている。それが自律走行搬送ロボット
（AMR）である。AMR は AGV の一形態であり、サプライチェーンやロ
ジスティクスの管理者は、床に埋め込まれたマーカーやワイヤー、磁石、
あるいは正確に配置されたレーザーターゲットなどのサポートインフラ
なしで実装することができる。

　AMR は AGV と同様に自動化をサポートしているが、フルフィルメン
ト操作に柔軟性がある。AMR は 24 時間稼働し、さまざまなものを扱う
ことができるだけでなく、新しい仕事に移る際には人間による訓練や学
習曲線を必要としない。サプライチェーンの管理者や専門家は、この技
術を人的労働力に取って代わるか、人的努力を強化するために導入する
ことができる。また、AMR はネットワークに接続されており、ロジステ
ィクス運用で移動データをキャプチャできるため、人間のオペレーター
が移動を行う場合には通常は実行できない分析やシミュレーションをサ
ポートすることができる。動的（ダイナミック）フルフィルメントのサ
ポートに利するもう 1 つの特徴として、設計にコラボレーション機能を
組み込めるという点がある。従来の AGV は障害物を感知し、通常はそ
の障害物が取り除かれるまで停止するが、AMR は人間の足の動きと同
じような経路を走行でき、AGV のように制御された環境を必要としない。

　AMR には、LiDAR や近距離 3D カメラなどの複数の融合センサーと、
その動作環境を制御するための強力な車載コンピュータが組み込まれて

いる。サプライチェーンの責任者は、AMRを活用して、フルフィルメント・オペレーションに柔軟性を取り入れることが可能である。また、物流センターや物流施設の在庫を特定、追跡、移動するための協働AMRが存在する。AMRは、ピッキング担当者のためのGTP（goods-to-person）トートの回収、在庫補充、循環棚卸、品目確認などの機能が搭載されており、複数の倉庫業務をピッキング担当者と共同で行うことが可能である。新しいシステムでは、従来の方法では数週間から数カ月かかっていた倉庫の自動化が数日で可能になる。AMRは、マテハンおよび支援設備のワークフローを単純化して設定し、それに対して迅速にモディフィケーションを行うことで、複雑なプログラミングを必要とせずに動的環境に適応する。

　多くのAMRは動的な環境を安全に運航するためにセンサーとアルゴリズムを使用しているが、現時点では高度な意思決定のための感覚的な事象の入力は行うことができない。しかし、一部のAMRは既存の物流環境に適応するために人工知能（AI）と視覚アルゴリズムを利用できる。人工知能（AI）が追加されたことで、AMRはさらに効率的になり、ロボットが実行できるタスクの範囲が広がり、AMR導入に対応するために作業環境のほうを適応させる必要性が減少する。最も進んだAMRは、予期しない状況に遭遇するリスクがある複雑な環境においても無人で業務を遂行する機能を備えている。これらのロボットは自律的に状況を理解し、状況を適切に伝達することが可能である。

　フリート管理システムは、AMRによって使用されるマッピングソフトウェアによって生成される多くの選択肢を基に、配送またはピックアップのための理想的なルートを選択することができ、その柔軟性を高めることに貢献する。AMRは、同時交通量を最大化し、衝突を回避し、効率を高めるために相互に通信することも可能である。望むならばAMRを製造工場のプログラマブルロジックコントローラ（PLC）や物流センターのクラウドベースの分析ソフトウェアなどの他のテクノロジーと統合して、IoT自動化ソリューションを構築することもできる。ロボット

　車両からのデータは、進化する環境条件を基に効率的な割当を行うクラウドベースの管理システムを可能にする。クラウドシステムは、各ロボット車両の位置と現在のピックアップの進捗に関する情報を利用して、ロボット車両全体に次に予定される作業を知性的に割り当てることができる。クラウド管理システムと AMR を接続することによって、リソースの使用率、生産性の傾向、在庫の場所がピッキングに与える影響のパターンなどを分析することができる。

　AMR は、主に 2 つのタイプに分類できる。フリート管理（通常より大きなペイロードや、起点から目的地までのルートの効率化に使用される）とピッキングの最適化（通常ピッキングのスループットを向上させるように設計されたプロセスフローであり、マシンと人の移動を統合するために使用される）である。倉庫では AMR を利用して、フレキシブルに倉庫内のルートをロボットが移動し、作業員とステーションの間で製品を移動させる GTP（goods-to-person）ピッキングを行うことができる。また AMR は、RFID タグの付いた製品や機器と組み合わせて在庫を監視し、自律的に在庫処分を行うこともできる。フォークリフトもまた、付加価値がほとんどなく、反復的で、長距離移動を必要とする重量物処理のプロセス運用を中心に、一部のアプリケーションにおいて完全な自律性を備えたインテリジェントなものになりつつある。同様に、自動ストレージ／検索システムの機能、スマート性、接続性も継続的に拡張される。一言で言えば、革新的な物流業務用ロボットはますます柔軟性を増し、自律的になっているのである。物流業務における革新的なロボット技術の導入は、企業の経営幹部やサプライチェーンの専門家が動的なフルフィルメント能力を構築するための設計の力となるであろう。

◉────地上における自律ラストワンマイル配送

　配達の最後の 1 マイルは、配送全体の中で最も予測が難しく、最も複雑な部分である。この特性は、特に、車両、自転車、歩行者、動的な交

差点、および交通規則が多く、あらゆる方向への移動があり、駐車スペースが限られている混雑した都市部で顕著である。自動運転車の普及には多くの技術的課題、規制上の制約、社会的なハードルがあるが、業界は大きな進歩を遂げており、多くのアプリケーションが実証実験の段階に入っている。このテクノロジーは大きな可能性を秘めており、動的なフルフィルメント機能をサポートする重要なコンポーネントとなる。

　開発中の多くのソリューションは、オンデマンドのパッケージ配送と小売業者から顧客への配送に分類できる。まずオンデマンドの側面を見ると、複数のロジスティクスプロバイダーやテクノロジー企業が、小売業者が近隣の顧客からの注文を受け付け、自律走行型ロボットを使って顧客の自宅や職場にその日のうちに直接配送できるようにする構想を打ち出している。このコンセプトは、小売業者に自律的な即日配送およびラストマイル配送機能を提供することを目的としている。このロボットは歩道や道端を移動し、より小さな荷物を運ぶことが見込まれている。このロボットには、歩行者安全技術や、LiDAR やマルチカメラなどの先端技術が含まれる。またロボットには、障害物を検知して回避するための機械学習アルゴリズムが搭載され、安全な経路をプロットし、道路や安全に関するルールに従うことが可能である。

　構想中の事例の中には、荷物を運ぶ際に長距離を徒歩で移動しなければならないことから生じる非効率性に対処するための支援技術として自律走行車を役立てることを想定しているものもある。このコンセプトは、例えば駐車スペースが限られているエリアなどで特に有用である。こうした状況の場合、配達員は通常、最終目的地から離れたところに車両を駐車し、その後、徒歩で入口のドアまたは郵便受けまでの距離を移動する必要がある。往復歩行は非常に時間がかかり、更に荷物が重い場合は配達人は大変である。ここでのアプリケーションは、1 つのエリア内で複数のパッケージを配送する際に、配達人に自動運転車を追随させることである。配達を支援するための自律走行車の使用は、都市部での配達プロセスから非効率性と危険性の一部を取り除くことができる。関連す

る使用例としては、建物、コミュニティ、近隣、キャンパスなど、複数の顧客にサービスを提供するように設定された区画ステーションへの、自律走行車からの荷物の受け渡しがある。このプロセスにより、「ラストヤード」の複雑さと非効率性が排除される。

　更に進んだ構想は、配達員を支援するだけでなく、自律走行車を利用するというものである。今後実現する可能性のある事例では、自律走行車と配達ロボットを組み合わせることが提案されている。これらの荷物配送のコンセプトの1つは、犬にヒントを得たロボットを運転するロボットタクシーであり、顧客の玄関先まで自律的に配送を行う。このコンセプトの背後にあるアイデアは、顧客に荷物を配達するために、無人車両と配達ロボットで構成されるシームレスなモビリティチェーンを提供することである。ロボット配達犬はトレーラーから出て歩道を歩き、玄関前の階段を上り、ドアに向かって右に進み、ドアベルを鳴らすことさえできる。それによって顧客が家を出て配達の車に行かなければならない必要性をなくすことが目標となる。また別のコンセプトでは、小輪のロボットを使った荷物の配達が提案されている。また、例えば、さまざまなテクノロジー企業が、ナビゲーションや対話機能に高度なAIを用いた実証実験段階のソリューションを提供している。車載AIは、歩道、歩行者、道路、踏切などの動的で複雑な環境を移動しながら、新しい状況を継続的に感知して反応する。このような環境は絶えず変化しているため、AIの使用は不可欠であろう。

　ラストワンマイル以外でも、まだ短距離のセグメントではあるが、実証実験段階が完了した例として、大手メーカーの運転席・客席のない電動自動運転トラックがある。これは、自己完結型ソリューションとしてゼロから設計されたものである。初期の実際の割り当てとして、車両は現在、公共道路に沿って事前に定義されたルートで物流ハブと港湾ターミナルの間において商品とコンテナを搬送している。この車両は、港や工場地帯、物流メガセンターなど、繰り返しの多い近距離での大量の交通の最適化を目指している。この車は巨大なエコシステムのコンセプト

の一部で、クラウドベースのサービスと管理センターを介して相互接続されたネットワークの中で共に動作する。このシステムにより、配送の精度と柔軟性が向上する。この例のようなソリューションにより、企業はシームレスで予測可能な輸送フローで 24 時間 365 日、商品を持続的に移動させることが可能となる。

　小売店から顧客への配送については、自動車メーカーとテクノロジー企業の間で、モバイルステーションを含む自動運転車の配送コンセプトを模索するパートナーシップが複数存在している。例えば、大手テクノロジー企業はスマート配送システムの実験を行っている。従業員は最大 30 個の荷物を配送ロボットに積み込むことができ、ロボットは半径 3 マイル以内で自律的にそれらの荷物を配送できる。車両は経路を計画し、障害物を回避し、信号を認識することができる。また顔認識技術によって、利用者は小包を受け取ることができる。別の大手自動車メーカーは、二足歩行ロボットを自動運転車の後部に折りたたまれた形で運転するというコンセプトを持っている。車が目的地に到着すると、トランクが開き、ロボットが自ら展開し、荷物をピックアップして、顧客の玄関先まで持っていく。

　世界中のいくつかの場所で実証段階に入っているもう 1 つの事例は、自律型ステーションである。この事例では、企業は、顧客に中央ステーションに行くことを要求するのではなく、顧客にスタンドアロンのステーションを割り当て、それが顧客のところまで移動する。例えば、中国では、AI を活用したソフトウェアとモバイル決済システムを統合した自律型モバイルコンビニエンスストアの試験が進行中である。アプリを使って店に入り、買い物をスマートバスケットに入れたり、商品をスキャンしたりすると、AI ホログラムアシスタントがスマートフォンに代金を請求する。この自動運転ステーションはソーラーパネルを備えている。この構想は、大都市のスタッフの人件費の高さ、そして店舗賃料の高さを解消することが目的である。実験施設の外ではまだ走っていないが、最終的には AI を使って街中を走り、倉庫まで移動して自店舗の商品を

補充できるようにするという構想である。

　この分野の課題は、特に都市部では最後の 10 ヤードである。E コマースと「今」経済（the "now" economy）が進化し続ける中、「ラストヤード」への投資は大きな可能性を秘めている。しかし、顧客の玄関先に荷物を配達するロボットを配備するには、高度なシステム統合と大規模な技術的な取り組みが必要である。近い将来、ドローンは郊外への配送に、ラストマイルロボットは都市部での配送に、それぞれ使われるようになるかもしれない。また、ラストワンマイルの配送ソリューションにも違いがあることが分かる。一部の企業は自社のラストマイル配送ロボットに投資をしている一方で、他の企業は自社のハードウェアには興味のない企業向けのソリューションを開発している。

◉────視覚ピッキングとウェアラブル技術

　テクノロジーに対応したピッキングは特に目新しいことではない。音声による倉庫管理により、DC では業務プロセスが合理化され、生産性と効率性が向上した。庫内作業者の手を解放し、作業を集中させることで柔軟性を向上させた。このテクノロジーにより、DC は在庫の補充、処理、荷積みなどのプロセスの精度を向上させ、生産性を向上させることができた。しかし、音声指向のウェアハウジングは非常にスマートというわけではなく、適応性も高くないため、より標準化されたアクティビティの環境に適している。適応の必要性が増すにつれて、音声ピッキングの機能は拡張され、視覚ピッキングとなる。この拡張は、サプライチェーンの担当者が、作業者にオンデマンドの在庫検索と製品情報を提供して、そのオーダーがどこから来たか（実店舗またはオンライン）に関係なく注文を迅速に処理できるようにする必要がある、オムニチャネルの環境では不可欠である。

　ウェアラブルデバイスは、ユーザーがコンピュータ生成シミュレーション環境、拡張現実（AR）、複合現実（MR）、および完全に没入する仮

想現実（VR）に分類できる。AR も MR も、既存の物理的な現実を維持しながら、デジタル要素を追加して現実と仮想のミックスを作り出し、新しい環境を作り出す。視覚ピッキングでは、AR を使用して作業者の視線上にグラフィカルイメージを重ね合わせ、物理的なモノにデジタル情報を付与させる。さらに、オブジェクトやデジタル・デバイスとのリアルタイム・ユーザー・インタフェース機能もしばしば提供される。私たちは、DC ピック、パック、配送のためのスマートビジョンのアプリケーションを目にし始めている。これらのアプリケーションは、手動での注文のピッキング、ソート、梱包のプロセスを改善し、自動化されたロボットほどではないが、動的なフルフィルメント機能に貢献する。これらは、次のピッキング場所への最短パスを示すために使用でき、作業者がピックする必要があるアイテムをハイライトすることができる。

　いくつかの視覚ピッキングシステムは、リアルタイムの物体認識、バーコード読み取り、屋内ナビゲーション、および倉庫管理システムとの情報の統合を提供し始めている。このようなシステムを使用することで、作業者はデジタルピッキングリストと最適なルートを見ることができる。バーコードスキャンと画像認識システムは、作業員が正しい場所に到着したかどうかを確認し、正しい商品をガイドすることができる。一度ピックされると、スキャンされたモノに関する情報が倉庫管理システムを更新し、リアルタイムに在庫更新がされる。AR はまた、配送センターや倉庫の垣根を越えて、集荷プロセスを改善することもできる。AR を使用すると、手持ちのデバイスを使用して手作業でスキャンし、情報を読み込んで抜け漏れがないことをチェックする代わりに、作業者は1回の情報の読み込みで同じチェックをすばやく実行できる。このようなツールは、3D 奥行計測センサーなどの他の技術と組み合わせることにより、作業者がパレットおよび荷物の数または容積を決定し、それらの適応度をより迅速かつ効果的に評価することを可能にする。

　AR のもう1つの使用例は、荷積みおよび荷下ろし作業の最適化である（**図7-3**）。荷積み中、AR はパレットや荷物の順序や位置に関するリ

アルタイム情報、および直感的な荷積み指示を作業者に提供することができる。デバイスはリアルタイムで各容積のために必要なスペースに関する計算を行い、車両内の適切な空きスペースをチェックし、重量、脆弱性、配送ポイントなどの荷積みに関する参照情報をチェックし、作業者にアイテムをどこに置くかを指示することができる。このような AR の使用は、紙ベースのリストの使用をさらに削減し、プロセスを高速化し、スペースの使用を最大化し、場合によっては損傷のリスクを低減する。荷下ろし中に AR を利用すれば、作業員が正しい荷物やパレットを探すのに費やす時間をなくすことができる。

　視覚ピッキングとウェアラブル技術は、ますます複雑化する倉庫業務を支援し、さまざまな方法で動的なフルフィルメント能力に貢献する。意味のある情報、指示、文書を作業員の目に直接写すことで、品質と生産性を向上させることが可能である。例えば、倉庫や物流のオペレーションやタスクの多くは経験に基づくスキルであり、そのうえ、物流の複

図 7-3：バーチャルリアリティによる貨物の積載例

雑さやテンポ、ダイナミズムは増大し続けている。そのため、サプライチェーンの担当者はベストプラクティスを体系化し、それらのテクノロジーを使用して知識を広め、学習プロセスを通じて従業員を導くことができる。サプライチェーンの担当者は、安全性を高めるためにウェアラブルを組み込むことも可能である。

◉────センサー、テレマティクス、IoT

　コンベアやソーターなどの倉庫自動化システムは、従来よりネット環境に接続されており、倉庫管理システムにデータを供給している。しかし、有線ネットワークは通常、自動マテハンシステムを制限する。自動パレタイズおよびデパレタイズのような従来の自動化は非常に効率的であることが証明されているが、これらの方法は、通常、類似した製品形状および取り扱いタイプのみにしか対応できないという限界がある。この特性は、高水準の標準化を必要とし、したがって、これらの技術がプロセスを合理化し改善する可能性は制限される。

　技術が進歩するにつれ、管理者は新しいセンサーオプションや、予測分析に機械学習を適用するクラウドベースのプラットフォームを利用できるようになる。ソリューションプロバイダーは、重要な倉庫内の設備の稼働状態をIoTで分析できるソリューションをパッケージとして提供している。例えば、ある大手ソリューションプロバイダーは、振動センサーなどのセンサーオプションからのデータを活用して、モータなどの主要なマテハンシステムコンポーネントの設備の健全性を分析する製品を構成した。このソリューションは、センサーデータから得られた示唆を、自動化された制御システム・データと比較し、相関させることで、機械の稼働状況を可視化する。マテハン機器のプロバイダーは、事前にテスト済みのさまざまなセンサーオプションを自社の機器向けに開発しているが、管理者はセンサープロバイダーを使用して、さまざまな種類の産業機器に監視機能を追加可能である。また、多くの既存のウェアハウス

システムのセンサーを使用して、クラウドベースのアラート、レポート、分析ソリューションにデータを供給することもできる。

　リフトトラックのテレマティスクスサービスと、プレビルドのレポートおよび警告用のソフトウェアは、今後も DC に普及するであろう IoT ソリューションの 1 つの形態である。テレマティクスによるデータ収集は、サプライチェーンの管理者に、稼働率とトラックの可用性をほぼリアルタイムで可視化する。また、オペレーターは安全性チェックリストをデジタルで実行できる。管理者はトラックが生成したデータをクラウドベースのソフトウェアと組み合わせて、車両の分析に利用でき、企業はテレマティクスの接続性と分析を活用して、フリート構成の変更などの意思決定を行うことができる。

　倉庫や物流センターでの IoT アプリケーションには、冷蔵エリアの温度変化や、運搬システムのモーターが発する熱や振動、湿度、動きなどを監視するセンサーが含まれる。例えば、管理者はセンサーを使って、冷蔵倉庫内のホットスポット領域を示すヒートマップを作成し、換気や部屋の構成の調整を促すことができる。管理者にとって真のメリットは、倉庫管理システム、IoT データを取り込むためのデジタルプラットフォーム、データを分析するためのクラウド分析の組み合わせにある。データは、自動マテハンシステム、リフトトラックのセンサー、ビルディングオートメーションシステム、セキュリティシステムから取得することが可能である。

　分析機能は、おそらく最も重要な課題であり、接続されたウェアハウス設備ソリューションの実装を成功させる機会でもある。追加の、または新規の設備データを収集するだけでは、より良い結果は得られず、動的なフルフィルメント機能にも役立たない。実際の分析に使用できるデータは、倉庫および物流業務のデジタル化の核心である可能性が高い。例えば、DC の 1 つのコンベアラインでは、1 日に最大 5 テラバイトのデータを生成可能である。ただし、DC の管理者は、データがまだ作業指示に不可欠なスループットである設備からのものかどうか、あるいはデ

ータがDC業務の残りの部分にどのように関連しているかを認識できない場合がある。

⦿─────AIとアナリティクス

　動的なフルフィルメント機能の基盤となるのは、接続性、分析、およびスマートソフトウェアインフラストラクチャである。これらの機能により、リソースの割り当て、タスクの割り当て、物理的な移動などの要因を動的に管理するためのリアルタイムのデータおよび決定技術を使用して、ロボットの導入と将来のフルフィルメント作業のデジタル化を柔軟に行うことができる。状況や要件の変化に応じてリソースを調整し、最適化するAI主導型のソフトウェアの能力は、動的なフルフィルメント能力の重要な基盤となりつつある。AIは、ソフトウェアエンジニアがプログラムしたプリセットアルゴリズムが機械に縛られなくなるまで、自動化を進めることを保証している。その代わりに、彼らは「知覚を行動にマッピングする」ことによって特定の目標を達成するために明らかな条件を継続的に監視し、追加し、破棄する自己学習エンティティとなる。サプライネットワークのアプリケーションでは、AIは作業者を支援する「Augmentation（拡張）」と、作業者の介入なしにAIが機能する「Automation（自動化）」の2つのカテゴリーに分類される。

　AIは、倉庫システムがあらかじめ設定されたルールの集合ではなく、現在の環境の状態を学習して適応する機能を追加する。例えば、倉庫および物流を管理する組織は、倉庫管理システム内で機械学習を利用して、特定の状況で特定のタスクを完了するために必要な時間を決定することができる。機械学習アルゴリズムは、タスクの種類、期間、項目の特性など、過去のデータを調べる。次に、タスクの完了に必要な時間に影響する条件を決定する。次回タスクが割り当てられたときに、システムはこれらの条件を考慮してジョブを完了するためのリードタイムを見積もる。現在の例では、自律型ピッキングロボットが、ロボットが見たもの

（カメラ）、何をしたか（アプローチおよびピック方法）、何が起こったか（成功または失敗）などのデータをキャプチャする。畳み込みニューラルネットワークがこのデータを取得し、ロボットが隣接するアイテムを識別できるようにすることで、ピッキングの精度が向上する。

まとめ

　モバイルロボットやスマートテクノロジーは物流・フルフィルメント業務の設計、構築、運用に劇的な影響を与えるであろう。これらの技術はより柔軟であり、適応性と動的能力を達成できる。こうした結果は、従来の自動化が長年にわたってもたらしてきたトレードオフとは対照的である。従来の自動化は、コストは下がるが、導入と変更に長いリードタイムが必要になる傾向があった。新しいテクノロジーはよりスマートで柔軟性が高く、変更や再構成を困難にするような大規模なインフラストラクチャを必要としない。テクノロジーが進化し続ける中で、私たちはロボットや自律搬送ロボットを導入し、ゼロタッチかつ高効率な環境を実現できるようになるだろう。

　DSN の概念が進化するにつれて、経営者は、AI、ロボティクス、IoT を組み合わせて使用し、動的（ダイナミック）フルフィルメント能力をサポートすることによって、DC を予測主導型から需要主導型のオペレーションに移行させることが可能となるであろう。IoT が、これまでにない豊富なデータキャッシュを提供するようになる一方で、AI は以前には実現不可能なレベルで細かな決定を支援し、最適化するようになるだろう。その他のロボティクスや倉庫管理システム、またはそれ以外の形態の自動化により、物流お

よびフルフィルメント業務は改善されていくだろう。典型的にこれらのシステムは、一定の領域の制限内で運用され、大抵の場合、柔軟性に欠けている。意思決定は、確立されたルール、キャパシティ、資源に基づいて行われている。しかしながら今後、ロジスティクスとフルフィルメントの環境はさらにダイナミックで複雑なものになるだろう。現在の状況が、あらかじめ設定されたルールよりもますます重要になるだろう。だからこそ、新しい技術と接続性の組み合わせがより必須なものとなるのである。企業は、ますます動的になる状況で、キャパシティとリソースを知的にバランスさせるシステムを導入する必要があるのである。

　この章で説明してきた適応力の高い先進的なテクノロジーは、経営者やサプライチェーンの専門家に、需要の検知、ルートの最適化、倉庫や物流活動の観点から、配送およびフルフィルメント業務を合理化できる機会を提供している。しかし、おそらくそれよりも重要なのは、組織が現在および新しいビジネスモデル全体をサポートするために、これらのプロセスを変革する可能性を提供することである。将来的には、IoTによる情報がDCに対して入庫された貨物の荷下ろしの遅延を警告するような、十分にスマートかつ動的なフルフィルメントプロセスを設計できるようになるだろう。AIはその情報を基に、トラックの荷降ろしに必要な分だけの作業者をリリースし展開するための最適な時間を決定し、オペレーションをサポートするロボット車両のスケジュールを設定し、荷下ろしされた荷物のどの部分を直接受注に割り当てるかを決定し、当初スケジュールされた時間に作業を開始するように設定されていたリソースを動的に再利用する。この動的な機能により、フルフィルメント・オペレーションにまったく新しいレベルの自動化、可視性、知性が付加される。この章および他の章で説

明した機械学習、AI、IoT をデータアナリティクスやその他の機能と組み合わせることで、真に動的なルーティング、スケジューリング、配送、リソース利用、そして最終的には動的なフルフィルメントをサポートできるようになる。

日本の見解

　この章では動的（ダイナミック）フルフィルメントとして、数々の欧米の先進事例を紹介してきた。フルフィルメントという言葉についてだが、現在でこそ Amazon が小売事業者に提供するサービス「FBA（フルフィルメント・バイ・アマゾン）」などの単語で市民権を得てきたとはいえ、従来日本の物流業界にはそれほど馴染みがない言葉であった。元来フルフィルメントとは EC（電子商取引）において、商品が注文されてからエンドユーザーに届くまでに必要な業務全般を指していたが、この言葉は今や EC のみに留まらず、物流における受注から顧客の手元に届くまでの業務全般を指す意味へ転化している。それを指す適訳がないためにフルフィルメントという言葉をそのまま借用しているわけだが、この章ではそのフルフィルメントの各過程において、その時点での状況に即して、いかに柔軟かつ効率的に物流という命題を達成するか、そしてその命題を達成するためにどのような技術が海外の物流現場での運用を検討されているのかということを紹介した。

　さて、対して日本における物流現場の状況はどうであろうか。

　インターネット通販の興隆は物流の在り方を変えた。人々の消費行動は、従来のプッシュ型で商品が商店に配送され、顧客は商

店の棚に並んでいるものから選んで買うという行動様式から、膨大な品ぞろえのインターネット上の商品から欲しいものを欲しい時に欲しいだけ選んで買うというプル型の行動様式へ変化し、その対応を物流事業者は迫られた。

　また、多品種少量かつ高頻度の配送に加え、手元に届くまでの配送リードタイムの短縮の要求や、時間帯指定の要求など配送サービスに対する高い要求が当たり前となり、その要求を満たすためにより細分化された配送が要求される一方で、物流業界は高齢化と人手不足に苦しんでいる。こうした諸問題への対応策として提言されているのが動的（ダイナミック）フルフィルメントである。

　章の中で例として挙げた実証実験段階にあるソリューションの究極の目的は、まさしく省人化・無人化であることに気づかれただろう。これは海外に限ったことではない。少子高齢化が進む日本の物流業界において、こうした人手不足への対応というのは諸外国と比べてもひときわ重要な課題なのである。特に日本においては「物流の2024年問題」など「運ぶモノがあっても運ぶ人がいない」、「運ぶ手段がない」といった事態が短中期的に発生することがすでに予見されている。まさに日本においてこそ、こうした技術を最大限に活用した物流改革が必要なのである。

　しかし実際には、前述のように「待ったなし」の現状に対し、こうした物流テックの導入は未だ夜明け前の黎明期であると言える。技術が十分に実用レベルに到達していないという理由もあるが、技術だけが実現可能な領域まで進歩すればよいのではなく、それに伴う法整備なども不可欠である。例として人口過疎地や山間部へのドローンによるいわゆる「ドローン物流」であれば、耐候性や目視外飛行などの技術的な課題の他にも、電波法との折り合いや第三者上空の飛行など解決しなければいけない技術面以外

の課題が山積している。理想的にはこうした技術的な進歩と足並みを揃えて法制度や社会環境も変わっていくのが望ましいが、その発展のスピード感を我々の社会が掴むにはしばらく時間がかかるであろうし、今後しばらくはこのような傾向は続くと思われる。

　したがって、日本において物流テックの端緒となるのは物理的な解決策ではなく、いわゆる計画系と言われるリソースの最適化や、プラットフォームやマッチングサービスなどの論理的な解決策となるだろう。既存のリソースを最大限効率化して活用する、例えば荷主と運送会社あるいはトラックドライバーをマッチングさせるプラットフォームはすでに輸送キャパシティの不足に対し全体最適を図る有効な手段として市民権を得つつある。また、積載率の効率化に対する要求は、従来のハブ・アンド・スポーク型の拠点配置ではなく、フィジカルインターネット型への転換を迫るかもしれない。あるいは配送キャパシティ不足に対する解決策として、最後に顧客の手に届くまでのラストワンマイルを、物流事業者でなくオンデマンドのテンポラリワーカーによりカバーする仕組みが一般的なものとなるかもしれない。

　こうした変化は、まず論理的な解決策によって既存アセットの運用効率の最大化が試みられ、それに少し遅れる形で物理的な解決策が展開されるという流れで訪れるであろうが、いずれにしてもテクノロジーによる物流の改革はすでに始まりつつある。その流れは端的に言えば時代の要請であり、誰しもが避けては通れないのである。

　こうした時代においては、技術の進歩に対しいかに鋭敏な感覚をもつかということ、そしてそれをどのように活かせば実社会の改善に結びつくのか、ということを結びつけて考え実現する力がことさらに問われることになろう。

　物流テックの世界は成長著しく、過去数十年では考えられなかったスピードで変化しており、わずか数年のうちに物流業界のゲームチェンジャーが現れるかもしれない、ということが現実味を帯びて語られる世界である。

　このような厳しい時代を生き残るためには、絶え間ない外部環境の変化を取り込み、自らを柔軟に変えていく、吸収力や適応力が必要なのである。

第**8**章

コネクテッドカスタマー

　デジタル化が浸透している今日において、開発・販売する商品よりも、"カスタマー"に対して提供するサービス自体が、企業価値を決定付ける最も重要な存在となっている。現代における"カスタマー"の定義は、もはやバリューチェーンの末端で商品を購入する単なる消費者という位置付けではなく、商品のライフサイクルと関連したサービス全体に影響を及ぼす協力者であると捉えるべきである。コネクテッドカスタマーとは、"カスタマー"が先進的なテクノロジーを基に構築・提供されたアプリケーションを通じて、バリューチェーンと常時つながる次世代の顧客体験・ビジネスモデルとそれらを支えるプロセス・ツールを表している。本章では、まず現代におけるパーソナライゼーションという顧客嗜好の変化について述べた上で、従来のサプライチェーンマネジメント（SCM）から、より先進的なデジタルサプライネットワーク（DSN）へ変遷していく中でのコネクテッドカスタマーに対する位置付けについて説明する。最後に、コネクテッドカスタマーを実現するために必要な機能、また、関連するテクノロジーについて詳細に説明する。

パーソナライゼーションの時代における顧客の変化

　デジタル時代の現代において、顧客はオンライン・オフラインのチャネルによらず、購入の利便性を追求し、また自身の志向にパーソナライズされた商品・サービスを求め続けている。彼らは、より洗練された顧客体験、リーズナブルな価格、そしてより早く商品を受け取るために、商品・企業を乗り換えることを厭わない。言い換えれば、これらの価値を提供できる商品・企業に対しては、プレミアム料金を支払うロイヤリティ志向をもったサポーターになるのである。

　テクノロジー導入を通じたあらゆるデータ利活用の促進、またスマートファクトリー化に代表される DSN への進化により、企業はマジョリテ

ィを占める顧客要求に対してのみならず、よりパーソナライズされた商品・サービスを嗜好する顧客に対しても対応ができる時代になっている。図 8-1 は、デジタル時代の商品と関連サービスのパーソナライゼーションの例を示している。例えば、オーラルケア商品を提供する企業が、利用者の歯ぐきの状態や歯磨きの習慣といった歯科医院で提供できる情報に基づいて、ユーザーに最適な歯磨き粉と歯ブラシを推奨し、商品を届けるというサービスを提供している。モバイルアプリでは、ユーザーの歯磨き中にクリーニング効果をリアルタイムで表示し、オーラルケアの必要性を示してくれる。別の例では、シューズメーカーが足の形の特徴を分析、運動習慣などをふまえて最適な靴を推奨して提供するというサービスも挙げられる。また、薬箱に取り付けるスマートキャップという商品は、薬の服用量が予定より薬箱から減っていない場合、患者と管理者に連絡するという機能をもっている。

　オンライン販売ではユーザーの検索内容と購入パターンの分析が進む一方で、実店舗での販売では、顧客の志向、購買履歴や店舗内の位置

図 8-1：製品のカスタマイズとコネクテッドカスタマーの例

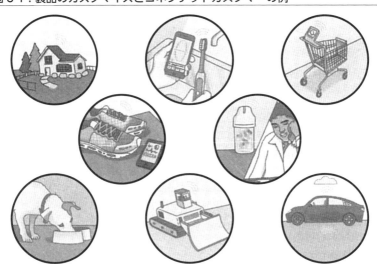

情報を参考にして、店舗内の顧客をリアルタイムでモニタリングし、より顧客が欲する商品を提示できる方法を模索している。例えば、買い物客が入店時にプロフィール情報をスキャンすると、買い物客のスマートフォン、あるいは**図 8-1** に示すようにショッピングカートに取り付けられたスマートスクリーンに通知情報が表示される。他にも、支払プロセスの自動化や無人レジなどにも取り組んでいる。

　また**図 8-1** に示すように、建設現場における建設機材の稼働状況や使用状態をクラウド上に連携している例もある。これらの情報を基に、オペレーターへの燃料補給、エンジン調整タイミング、またタイヤ交換の通知が届く。同じく、クラウド環境に接続された自動車は、ソフトウェアアップデート情報をインターネット経由で自動的に取得し、OEM やディーラーが自動車のパフォーマンスをモニタリングすることが可能となっている。また、ペット犬の首輪に装着されたスマートバンドは、犬の健康状態や食事パターンをモニタリングし、飼い主に情報を提示する。コネクテッドホームは、冷蔵庫や指定された場所にデジタル機器を設定することで、必要な食料を自動的に確保し補充できるようにする。

　ここまで紹介した例では、商品の利用パターンの変化や、商品開発から顧客への出荷プロセス、また顧客とのやり取りに焦点を当ててきた。デジタル時代における顧客の特徴としては、大量生産・大量消費に象徴される前時代的な考えとはまったく異なった行動様式を有している。**図8-2** は、従来型 SCM におけるカスタマー・サービス・チャネルを示している。工場で生産された商品は流通センターにて在庫保管された後、小売店に配送されて顧客が商品を購入する。この従来型のサプライチェーンは、大衆向けに標準化された商品をベースにしており、大衆向けの一方向なコミュニケーションとなっている。小売店は顧客の一部としてみなされ、消費者が店舗から商品を購入することを前提として、従来型 SCM は設計・構築されていた。

　過去 10 年間においてオンラインショッピングチャネルが大幅に増加し、同日配達実現という利便性がサプライチェーンプロセスに変化をもたら

図 8-2 : 従来型のサプライチェーンにおけるカスタマーサービスチャネル

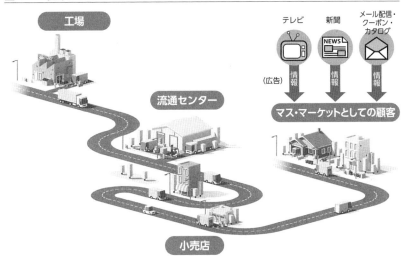

し、商品設計から製造・配送まで一連のサプライチェーンプロセスに顧客が関与することを可能にした。カスタマーコネクトプロセスは、従来型の SCM とまったく異なる。**図8-3** は、DSN の一つとしてのカスタマーサービスの例を示している。顧客は、もはや単なる消費者・大衆市場とは見なされておらず、デジタルネットワーク上に相互作用を及ぼすネットワークの一部とみなされるようになる。顧客は、企業の評判などについて話したり、商品に関する情報についてやり取りしたり、製造元と直接連絡を取ったりするために、さまざまなチャネルを使用する。ブランドや商品について話し、良い点も悪い点も含めて自分の意見を率直に発信する。この情報共有は、**図8-3** に示すように、複数のデジタルチャネルによって可能となっている。従来のコミュニケーションチャネル（テレビ、新聞、メールクーポン）は今でも重要であるが、マーケットは実際のレビュー、利用経験、おすすめ情報の影響を受けやすく、ソーシャルメディアプラットフォームを通じて共有される。パーソナライゼーション、利便性、そして良質な顧客体験が、商品・サービス購入やブラン

ドアドボカシーの決定における差別化要因となっている。

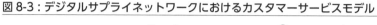

図 8-3：デジタルサプライネットワークにおけるカスタマーサービスモデル

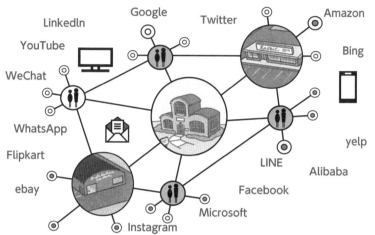

従来型 SCM の特徴

　従来の SCM のゴールは、消費者が店舗を訪れた際に、欲しい商品が店頭にあること、販売できる状態にあることを常に担保することであった。すなわち、「計画・調達・製造・デリバリー」の4つプロセスの中で、特にデリバリーにおける顧客接点・顧客満足のみにフォーカスがされており、メーカー企業は、消費者ではなく小売店を「顧客」とみなし、各店舗の注文を満たすことが、サプライチェーンプロセスの重要な KPI としていた。

⦿ ――――力点を置いていたプロセス・KPI

　デリバリーの成功基準として、「ユニットフィルレート」「ラインフィ

ルレート」「オーダーフィルレート」などのオーダーに対する充足率KPIが測定される。「ユニットフィルレート」は、納期通りに搬送された実績数量の比率で計測し、「ラインフィルレート」は、納期通りに全数量が補充された発注明細品目数の比率を測定する。一方、「オーダーフィルレート」は、受注合計数に対して、すべての品目について期限通りに補充された回数の比率を測定する。

　各企業のサプライチェーンは、これらのKPIを最適化するように構築・運営されており、配送センター、物流倉庫、生産工場などに適切に在庫を配置して、供給充足度を高めている。在庫配置や安全在庫量は、顧客からの注文や配送ルート・手段を勘案したリードタイムに基づいて決定され、この在庫基準を満たすように緻密なサプライチェーンプランニングの立案と生産・供給実行管理を行う。なお、このような適切に管理されたサプライチェーンにおいても、過去5年間に米国小売店では、在庫切れ品目が8～10%発生することが一般的であった。

　商品開発は、フォーカスセグメントを定め、限定的なマーケットにおける消費者からのフィードバックをサンプリングして収集する手法が一般的で、バリューチェーンは企業側から消費者への一方通行なモデルであった。そのため、マスマーケットに向けた商品を開発・製造し、顧客に対する営業や広告など一方的な販売促進により消費者の意識を高め来店・購入してもらうことが従来型SCMの典型的なプロセスであった。

◉─────カスタマーサービスにおける課題

　従来型SCMの最初の課題は、消費者を単なる商品の販売先と見立ててしまっており、商品企画・開発に積極的に関与させていないことである。従前からも「受注生産」方式のように、顧客が商品開発・製造に参加するケースもあったが、B2Bビジネスや高価格帯の精密機器などに限定されていた。大衆向けの標準化された商品を、大量受注・生産し、消費者に届けるのみのサプライチェーンでは、消費者との接点は限定的と

なってしまう。

　2 つ目の課題は、現ビジネス環境においてはマルチチャネル管理も行わなければならないことである。消費者は、接するチャネルの種類に関係なく、常に同じ顧客体験や満足を期待しているが、従来型の硬直的な SCM では、オンライン・オフラインのすべてのチャネルに対して、高い顧客体験・満足を実現しようとした場合は、複雑で収益性が低く、管理不能になる恐れがある。

　更に商品購入後のカスタマーサポート対応についても、大半の消費者が不満をもっていることも忘れてはならない課題である。例えば、企業は配送状況、商品ライン・価格、販売店舗など各領域に個別のヘルプラインと対応チームを組成するのが一般的となっており、消費者からのクレーム・問い合わせに対応する場合、企業内のさまざまな部門に電話や電子メールが転送されることがよくある。このような対応が繰り返されると、消費者はその企業に見切りをつけた上で、否定的なレビューをデジタルチャネルに広めてしまうことにもなり得る。

　これまで見てきた課題は、硬直的な従来型 SCM が消費者の志向多様化や不満解消に対応できないことを示唆しており、無理な対応に伴う対応コストや在庫積み増しにより運転資本を大幅に増加させる可能性を秘めている。デジタル化された顧客中心の現在のビジネス環境に対応するためには、企業側も最新テクノロジーを活用してデジタル化すべきであり、新たな DSN へ転換することで、より顧客に焦点を当てた次世代プロセスを構築すること、これまで見てきた課題を解決することができるのである。

次世代型カスタマーコネクテッドプロセスの特徴

　コネクテッドカスタマーにより、従来の消費者との部分的・限定的な

局面での接点をもつアプローチから、カスタマーライフサイクル全体を通じた包括的な双方向コミュニケーションへと転換することができる。顧客はDSNのビジネスプロセスの共同運営者であり、商品や情報の一方的な受け取り手ではなくなる。共同運営者である顧客とともにデータとテクノロジーを駆使して顧客課題を解決することが新たなビジネスプロセスの原動力であり目的となる。

　図8-4は、DSNを適用した場合のカスタマージャーニー（ユーザーがサービスや製品を購入するまでのプロセス）を示している。「認知（アウェアネス）」、「獲得（アクイジション）」、「取引（トランザクション）」のプロセスとは、商品・サービスに纏わる顧客と企業の間の情報・コミュニケーションを示しており、「認知」「獲得」の段階では、顧客と企業はデジタルプラットフォームを介して共有されたデータを通じて相互理解を深める。「取引」のステージから「顧客エンゲージメントと価値向上（Engagement & Value Enrichment）」の段階に移ると、好循環を生み出すサイクルに入る。「取引」の段階で商品やサービスに関する課題を検知

図8-4：デジタルサプライネットワークにおけるカスタマージャーニー

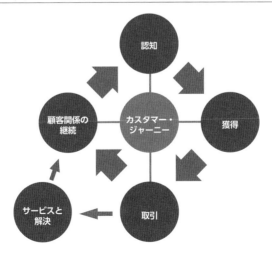

した場合は、「サービスと解決（Service & Resolution）」プロセスに移り、効率的・効果的な方法でその問題を解決し、再び顧客を引き込み、より価値を向上させるサイクルに戻る。

　デジタル化されたあらゆるデータ、性能が格段に向上しているコンピューティング機能、高機能で安価なセンサー、そしてこれらと接続されたDSNの新たなプロセスにより、提供する商品・サービスをよりパーソナライズすることが可能となる。現代の消費者は、各個人の生活に付加価値を与えてくれることが分かれば、企業側に個人情報を共有することも厭わなく、その見返りにパーソナライズされた商品・サービスを利用することを求めている。例えば、エナジードリンクの提供企業が、消費者の発汗データと目標（体重減少、スタミナ、フィットネスなど）を取得し、それぞれの要求に合った飲料を供給することに成功している。また、あるスキンクリームメーカーは、スキンテストを実施している診療所と提携・情報を収集し、機械学習アルゴリズムを用いてスキンクリームの有効成分の最適な配合を特定し、クリニックの小型装置がリアルタイムで成分を配合した上で、患者に対してその日のうちにパーソナライズされた商品を提供している。このようなパーソナライズ化の技術・仕組みは、食品、医療、フィットネス、自動車、消費者商品、家具、アパレル、娯楽などすべての商品・サービスの提供の仕方を転換しつつあり、パーソナライゼーションとデジタル化の影響を受けていないビジネスはないと言っても過言ではない。

　このパーソナライゼーションの企画力を強化する上では、「デザイン思考」のアプローチを取り入れる事が効果的である。デザイン思考とは、プロダクト起点で物事を考えるのではなく、ユーザーを中心に据えて本質的なニーズを見つけ出すための検討プロセス・手法である。デザイン思考を実践していく上でデジタルツールの利用は欠かす事ができず、単にユーザーを理解し、アイデアをまとめる事だけでなく、ツールを活用してプロトタイプを作成し、テストを通じてユーザーへの共感・課題への理解を更に深めて精度を向上させていく事も必要である。「デザイン思

考」アプローチの詳細については、第9章「DSN トランスフォーメーション　プレイブック」を参照いただきたい。

　カスタマーコネクテッドプロセスは、実店舗などのオフラインチャネルから EC サイト・モバイルアプリなどのオンラインチャネルまで含めた全体を通じて、良質な顧客体験を提供することを念頭に置いている。商品・サービスの企画段階のプロセスについては、第4章の「デジタル製品開発」を参照いただきたい。商品購入の局面においては、サプライチェーンの「エンドツーエンド（実店舗・物流倉庫から製造現場・仕入先まで）」で在庫の可視性を高め、センシング技術やコントロールタワーソリューションなどを活用して、「オールウェイズ・オン（リアルタイム・常時対応可能）」なアジリティのある状態を構築しておき、あらゆるチャネルのあらゆるタイミングの商品購入要求に応えていく。商品購入後のサービスについては、デジタルツールを提供し、顧客が商品・サービス利用時に直面する課題解決を“セルフサービス化”し、企業側のアクションを待つことなく、顧客自身がオーナーシップをもって対応していくアプローチに変革していく。企業側は部門・機能領域の垣根を越えて、顧客に重点を置いてサポート担当者が問題解決に当たれるように AI などの技術を使い、統合化された情報の中から瞬時に顧客が期待する回答を提示することに努めていく。このような、仕組みは近年のコンピューティング性能の向上、そして低コスト化により実現が可能となってきている。このトピックに関連する第3章「シンクロナイズド・プランニング」、第6章「スマートマニュファクチャリング」、および第7章「動的（ダイナミック）フルフィルメント」も併せて参照いただきたい。

コネクテッドカスタマーを
実現するテクノロジー

　昨今目覚ましい進化を遂げているテクノロジーにより、顧客マネジメ

ントの在り方、そして企業内のあらゆるオペレーションの自動化や効率性を飛躍的に変革させることができるようになっている。これまで第2章で紹介したすべてのテクノロジーは、コネクテッドカスタマーの実現にも関係している。すでに各企業で導入が進められており、実証段階にある関連テクノロジーを紹介したい。

- POS 情報や因果関係を活用した需要予測アルゴリズム
- リアルタイム需給データ・機械学習を用いた動的な安全在庫管理
- 視認性センサーを用いた販売店舗 店頭在庫の自動補充
- エンドツーエンドでの商品トレーサビリティ
- IoT と機械学習による消費者嗜好にマッチした商品レコメンデーション
- 自動運転・ドローンを活用した消費者への自動配送
- ロボティクスを活用したセルフサービス・オートメーション
- ビーコンを用いた店舗内での商品・プロモーション情報の動的な提供
- AI 顔認識ツールによる入退店管理
- 購入履歴やライフスタイル情報に基づいた買い物リストの自動提案
- ショッピングカート搭載のスマートスクリーンを通じた店内ルートガイド
- スマートミラーを利用したバーチャル試着
- 退店時の商品代金の自動支払い

　紹介したテクノロジーに加えて、サプライチェーンの効率性、顧客の利便性・体験を向上させる新たなソリューションが研究・実験段階にあり、今後更に適用範囲・ケースが拡大していく。

コネクテッドカスタマーを構成する機能

　コネクテッドカスタマーは、カスタマージャーニー全体にわたる4つのサブ機能によって実現される。各サブ機能は、DSNの効率性向上とカスタマージャーニーの各セグメントの拡大に影響を与える。消費者要求の変化、技術の進歩、データアクセスの向上、顧客体験や継続的な進化が重視されるようになったことなどの要因によって、これらの機能の使い方が方向付けられている。

　これらの機能を利用してモニタリングや洞察を深めること、PaaSなどの新しいビジネスモデルの検討、革新的なセルフサービスの提供、カスタマイズされた顧客体験、インテリジェントな商品トラッキングへの移行、トラブルシューティングの改善、およびコネクテッドフィールドサービスを効果的に運用することは、企業がコネクテッドカスタマー導入を加速し、より効率的で変革的なDSNに移行する方法の一つである。以降は、コネクテッドカスタマーを構成する4つの機能を紹介したい（図8-5）。

図 8-5：コネクテッドカスタマーを構成するサブ機能

デライトフル・カスタマーエクスペリエンス	●カスタマイズされたエクスペリエンス ●顧客の課題管理
Product as Solution and Service	●ソリューションやサービス価値の向上
トラッキング＆モニタリング	●商品実在庫をリアルタイムにトラッキング
コネクテッドサービスネットワーク	●セルフサービス ●コネクテッドフィールドサービス

◉──────デライトフル・カスタマーエクスペリエンス（DCE）の特徴

　デライトフル・カスタマーエクスペリエンスは、商品購入からアフターサービス、商品利用終了にわたるライフサイクル全体を通して、消費者と企業が円滑なコミュニケーションを行うことをサポートする。機能としては、カスタマイズされたエクスペリエンス、セルフサービス、および顧客の課題管理をカバーし、組織として顧客のすべてのニーズを解決できるようにする。

カスタマイズされたエクスペリエンス

　顧客体験のパーソナライズ化は、先にも述べた通りカスタマージャーニーをより価値のあるもの、他サービスに比べて差別化されたものにすることができ、顧客の囲い込みに寄与することができる。特に現代の消費者を囲い込むためには、チャネルを跨いで連携し、かつ一貫した情報発信・体験を提供することが鍵となる。そのパーソナライズされた顧客体験を実現する重要な機能として、供給・サプライチェーン状況を考慮した商品のリコメンデーション、顧客の志向・活動履歴に応じた広告提示、商品購入後の適切なアフターサービスの提案などが挙げられ、DSNソリューションではこれらの機能を包含している。

　これらの機能は単に消費者側へのベネフィットのみならず、企業収益を大きく改善することに寄与する。例えば、消費者行動や需要の動向を捉えて、顧客への価格提示をダイナミックに判断・提示することができるが、実現に向けては商品の収益性、供給可能な在庫状況、配送方法に関する消費者の志向、競合他社の価格状況などの相互作用・影響をAIなどを活用して同時に考慮する必要がある。

顧客の課題管理

　カスタマージャーニーのサイクルを回す上で、顧客が直面する課題の

解決は、「サービスと解決」フェーズに当たり、迅速に課題を解決するための方法論、プロセス、ツールが必要となる。顧客課題を適切に管理することで、商品や企業の評判低下のリスクを抑え、顧客ロイヤルティを維持しながら、商品・サービスの改善に活かすことができる。従来は、eメール、郵送、コールセンターを通じて、構造化されず一貫性のない情報管理に留まっていたため、個々の領域で属人的に対応する必要があり、顧客からのフィードバックを企業全体・サプライチェーン全体の中で活用することはできなかった。DSN ソリューションでは、標準化されたデータ収集が可能となるカスタマーサービスアプリケーション、仮想アシスタントにより顧客がセルフで課題に対応可能な機能を有している。

この機能を通じて、顧客はリアルタイムで課題を企業側に伝え、企業側では優先順付けや課題ステータス確認を領域横断で管理することができるようになる。また、蓄積されたトランザクションを AI を活用して分析することで、潜在的な問題を企業側が先んじて検知し、プロアクティブに顧客課題の発生に対処することができる。

◉────── Product as a Solution and Service（PaaS）の特徴

Product as a Service（PaaS）は、「獲得」から「サービスと解決」にわたる一連のカスタマージャーニー上でのビジネスのやり方を根本的に変えるもので、顧客・収益の拡大を狙っていくことができる。PaaS への移行の流れを後押しする要因として、顧客が従量課金制を志向していること、企業側は商品自体ではなく顧客体験を向上させることに重きを置いていることが挙げられる。

これらを実現するためには、商品やサービスのサブスクリプション化をサポートする機能や、利用実態に応じた課金・サービスを管理する機能などが必要となる。また、PaaS は短期的な視点ではなく、長期的な目線から顧客との関係を構築し、顧客のライフタイムバリュー（LTV）を最大化することに主眼が置かれている。これにより、企業は新しいビ

ジネスモデル（例：フリーミアムなど）を導入して、発生するコストを
CAPEX（資本的支出）から OPEX（運用コスト）として扱うとともに、
継続的な収入を得る運営に移行することができる。更に収益だけの視点
に留まらず、顧客やサプライチェーンにとっても新たな価値をもたらす
ことができる。例えば、顧客に対しては商品購入後の利用状況・志向の
把握により、より良いアフターサービスの体験を提供することができ、
サプライチェーンにおいては消費パターンを分析することで生産・供給
上の制約条件を緩和・対処しておくことができるようになる。

◉──────　**トラッキング＆モニタリングの特徴**

　トラッキング＆モニタリングでは、商品ライフサイクル全体にわたっ
て、顧客体験・価値の創出状況を管理・追跡することをサポートする

モニタリングからのインサイト導出

　より良質な顧客体験・価値を創造するための DSN を運営していくた
めには、「データ」が最も重要な要素であり、この「データ」を効果的に
収集するだけでなく、データから重要かつ実用的な洞察を引き出すこと
が鍵となる。つまり、企業はカスタマージャーニー全体にわたって顧客
行動をデータを通じて追跡し、より理解を深めるための機能が必要となる。
　DSN ソリューションにおいては、リアルタイムに商品利用データを収
集し、消費パターンや問題発生ケース・影響を検知するとともに、カス
タマージャーニー全体の中で商品やサービスに是正をかけていくアクシ
ョンを認識する機能が包含されている。例えば、従来は POS などの販売
データのみで、購入後の商品利用データのタイムリーな把握はできなか
ったが、商品利用データと顧客関連データを統合的に分析するビューを
IoT・センシング技術、機械学習などのテクノロジーを活用して提供し
ている。是正をかけていくアクションとしては、補充オーダーの自動化、
メンテナンスサービス通知・リコメンデーション提示、サービスパーツ

の在庫最適化などが挙げられる。

コネクテッドデバイス（洗濯機、自動車など）を例にとると、デバイスからのリアルタイムな商品利用データを機械学習モデルにて分析し、障害リスクを顧客に通知するとともに、リスクのあるパーツの補充オーダーを自動発行、顧客との商品メンテナンスのアポイント日程を調整するなどのケースが挙げられ、障害回避により顧客満足度が向上するとともに、企業側の対応コストも削減することができる。

「データ」が最も重要な要素と述べたが、あらゆるソースからの構造化されていないデータの管理や肥大化する顧客・商品データのハンドリングがこれまではネックであったが、センシング技術の低価格化やコンピューティング性能の向上により、これらが実現可能となってきている。ただし、更に顧客要求・体験が多様化し、それらに追随していくためには管理・追跡していく機能や管理データについても、状況を踏まえて常にアップデートをしていく必要がある。

インテリジェントな商品トラッキング

従来までの商品供給の状況は、各生産工程や配送状況をマニュアルで管理しトラッキングしていることが一般的であったが、RFID などの最新のテクノロジーを用いれば、商品実在庫・状態とその関連データを生産着手時点から商品納入まで全体にわたってリアルタイムにトラッキングできるようになっている。

このトラッキングの目的は、顧客視点で供給ステータスを把握することのみに留まらず、資産管理上の目的、例えば紛失・盗難防止、破損品の把握などにも役立てることができる。更に DSN で適用が進められているのは、単にトラッキングするだけではないスマートセンサー技術、クラウドベースの IoT トラッキングシステムである。この先進的なシステムでは、商品や資産データを収集・保存・分析し、ダウンタイムを回避するためシナリオをリアルタイムで生成、価値創出・維持のための取るべきアクションを予測または自動判断するという機能を包含しようとし

ている。

◉─────コネクテッドサービスネットワークの特徴

コネクテッドサービスネットワークでは、顧客との継続的な関係を維持するための企業戦略や商品開発の差別化検討をサポートする。

セルフサービス

セルフサービスとは、商品または関連サービスの情報を取得し、関連するトラブルの解決を企業側の担当者を介さずに、顧客自らが実施するために利用できる戦略的な機能群である。これらの機能にはAIが搭載されているが、商品の購入から関連サービスの利用、その過程で発生するトラブルシューティングに至るさまざまなシーンで優れた顧客体験を実現することができるとともに、企業視点では非常にコストパフォーマンスに優れた方法で対処が可能である。

従来は、主に商品のFAQページや取扱説明書のナビゲーション機能に限られていた。DSNが提供する次世代型のセルフサービスは、主に2つのキーとなる進化を遂げている。まず1つ目に、企業がリアルタイムのサプライチェーンデータを活用して、正確な商品カタログ情報や代替品のレコメンデーション、オンデマンドでの商品の出荷日・到着日や在庫状況情報の開示をオムニチャネルに対応して実現することが可能となっている。2つ目に、AIテクノロジーを活用して、企業のサポート担当者の介在なしに迅速なトラブルシューティングを行うことを可能にしている。これらの進化によって、従来はブラックボックスとされていた顧客との関係性の維持・向上において、更なる顧客満足度の向上に結びつくロイヤリティの獲得や需要の安定化、またトラブルシューティングの短縮化といった施策を、多大なコストをかけることなく実現することができる。さらに、企業は消費者への再販売やアップセリング、クロスセリングを強化することができる。

　セルフサービス化が進化した背景には、いくつかの技術的な進歩が挙げられる。まず、AI技術の進歩（仮想アシスタント、モバイルメッセージング、ライブチャットなど）により、顧客の問題をより迅速かつ広範囲にセルフサービスで処理できるようになった。さらに、より統合的なデータ基盤の導入により、オムニチャネルのポートフォリオ全体でリアルタイムにデータの取得、同期が可能となった。最後に、顧客がIoTやサードパーティ上の顧客データ、数々の仮想チャネルやプラットフォームへアクセスする頻度が高まったことにより、データに基づいてパーソナライズされたセルフサービスへの進化を促した。これらを念頭に置いて、企業は顧客が効率的かつ効果的にセルフサービスを利用する方法を検討する必要がある。

コネクテッドフィールドサービス

　従来フィールドサービスは、高コストであるために新しいビジネスを生み出す可能性も限定的と考えられていたが、同時に欠くことのできないポストセールスサービスの一つとされていた。テクノロジーに対する投資が限られている中で、顧客から要求されたタスクのみを実行することに重点が置かれており、また企業内でも優先度の低いサイロ化された部門として運営されていた。しかしながら、現在のフィールドサービスは顧客との継続的な関係を維持するための重要な差別化要因と位置付けられている。

　コネクテッドフィールドサービスとは、プロアクティブなアセット管理、データ分析、将来発生する問題の予測、作業指示の自動作成など、問題解決を通じて課題とリスクを管理し、ダウンタイムを削減することを目的としたエンドツーエンドのカスタマーサービスにおける総合的なアプローチである。企業は現在、モバイルプラットフォーム、IoT、センサードリブンのテクノロジー、クラウド機能などのツールスイートを備えており、顧客の予約・チケット・注文管理、従業員のスケジュール設定や経路の最適化、従業員のアクティビティ管理、サービス部品の在庫

管理、会計、その他のバックオフィス機能をリアルタイムで管理することが可能である。これらの機能により、現場担当者に重要な顧客情報が提供され、最高のサービスを提供できるだけでなく、当初は顧客が求めていなかった補助的な商品やサービスを宣伝できるようになる。

　コネクテッドフィールドサービスは、顧客に予測サービスや管理サービスを提供することで特別なサポートサービスの販売機会を増やし、同時にデータに基づく予防的メンテナンスの実施により、予期しないダウンタイムを削減、計画的ダウンタイムの頻度を減らすなど、顧客のライフサイクル全体の価値を高めるメリットを提供する。さらに、アセットと作業指示内容のデータを研究開発プロセスに反映することで商品設計を改善、初回修理率の改善につなげ、同時に人間が行っていた作業の自動化と部品の最適化により、修理時間の短縮も実現することができる。

　フィールドサービスは高コストであったが、顧客との関係における重要な差別化要因へシフトしてきた背景にはいくつかの原因がある。1つ目に、企業が顧客満足度と顧客維持率の向上を目的とした、商品購入後の高品質なカスタマーサービスに改めて注力していること。また、従業員の高齢化に伴い、生産性向上のニーズが高まっていること。最後に、IoT のコスト低減がクラウドコンピューティングの導入と重なり、機器のパターンと状態をより正確に追跡できるようになったことである。

まとめ

　顧客にサービスを提供することは、あらゆるビジネスにおける最優先事項であるが、現在のパーソナライゼーションの時代においては、顧客への関わり方が変化しており、更に重要性が増している。従来の SCM においては、顧客はチェーンの末端にあり、

商品設計、製造、サービスへの関与は限定的であり、コミュニケーション方法は「顧客に商品を認知させ、購買意欲を促す」という一方通行なものであった。しかし現代においては、DSN のビジネスプロセスの一部としてつながれた顧客は、意思決定の中心に据え置かれ、すべてのプロセスと動的に連携する。カスタマーコネクトプロセスでは、顧客は商品設計と以降のすべてのプロセスに関与する。顧客とのコミュニケーションは、デジタル機能とソーシャルメディアの双方向のチャネルを通じて行われ、カスタマージャーニーのライフサイクルを通して継続的に関与することを目指す。再構築されたカスタマーコネクトプロセスとその機能は高度なテクノロジーによって実現され、商品設計、製造、計画、追跡、サービスの方法までも変革させる。また、これらのテクノロジーは、オフライン・オンラインの両方の販売チャネルをも変化させている。

日本の見解

顧客トレンド概要

　世界的に広がるデジタル技術の進展によって、よりパーソナライズされた商品・サービスが求められるようになっているのは周知の事実である。

　顧客と常時つながる「コネクテッドカスタマー」を実現するテクノロジーの出現、それらを活用し競争力とするデジタル企業の台頭により、顧客ニーズ多様化のスピードが加速しているのである。

　この潮流に対応するために、各企業には顧客ニーズに応じた商品提供（マスカスタマイゼーション）のみならず、顧客体験に重きを置いたサービス提供（サービタイゼーション）の実現が求められている。

　さらに、これらの取り組みを企業の競争力へと昇華するためには、顧客とつながり、新たなサービスを提供する仕組みの構築に留まらず、高い品質と効率で持続的にサービス提供が可能なサプライチェーンを構築する必要がある。

　こうしたトレンドを踏まえ、世界の先進的な企業では自社・他社の枠を超えたサプライチェーンの再設計・再構築を進めている。

　日本を牽引してきた製造業においても、マスカスタマイゼーション、サービタイゼーション、および、それらを支えるサプライチェーンの再設計・再構築への積極的な取り組みが今後ますます必要とされることは確実である。

日本企業を取り巻く環境

　かつて日本の製造業は、高品質の製品を低コストで安定的に供給することで世界を席巻した。

　世界から「Made In Japan」は信頼の証と認知され、1980年代の高度経済成長期には日本企業は「Japan as No.1」と称賛される程世界へその存在感を示していた。

　ところが90年代のバブル崩壊、さらにはGAFA、BATHを始めとするデジタルディスラプターの台頭による顧客への価値提供モデルの変化（「モノ売り」から「コト売り」へのシフト）によって、日本企業が今日に至るまで苦戦を強いられていることは周知の事実である。

　こうした日本企業の苦戦の状況は世界時価総額ランキングにおいて顕著に現れている。1980年代には日本企業が上位を占めていたにもかかわらず、2022年現在50位圏内の日本企業は自動車メーカー1社のみとなってしまっている。

　日本の自動車業界はこれまでグローバルで強い競争力を誇り、「外貨を稼げる産業」として日本経済を牽引してきた。しかし、その日本を代表する自動車業界ではコネクテッドカーの普及に加えて、自動運転技術の発展、シェアリングサービスプロバイダーの台頭、世界的なEV化へのシフトといった一連のマクロ環境の変化により、今後十数年の間に世界の業界勢力図が変わってしまうのではないかと言われている。

　世界的IT企業が自動車業界への参入を表明したことに象徴されるように、これまで日本が得意としてきた「モノづくり」で参入障壁を築き競争力を保つビジネスモデルでは持続的な競争優位性の確立が難しい時代になっている。今、日本企業にはこうした潮流に乗り遅れることなくデジタルディスラプターと対峙していくことが求められている。

　また、2000年代初頭から続く超高齢化社会への流れは依然変わらず、今後の人口減少による労働力低下は確実に到来する未来である。日本は中小企業が圧倒的に多く、個々の企業努力による改善に留まっていては、将来の労働力低下を補うほどの生産性の飛躍的向上は望めず、抜本的な対応が求められる。更にパンデミックや半導体不足など、既存ビジネスすらもダメージを受け、これまでにないほど不確実性が増している。

　このように現在の日本企業を取り巻く環境は非常に厳しい。生産性の課題を克服しつつ、顧客ニーズの変化を捉え、新しい価値創出へとシフトし競争優位性を再構築するという、難易度の高い

変革が求められる。しかし、こうした外部環境の変化を直視し対応を急がなければ、十数年後には世界の経済大国との差は取り返しがつかないほど広がり、気づけば日本は貧困国へと転落している可能性すらあるだろう。

日本企業が目指すべき方向性

変化が激しく不確実性の高い競争環境の下、日本企業は世界でどう戦っていくべきか。

この問いに対し、経済産業省が 2017 年に打ち出した日本の産業が目指すべき方向性のコンセプトが、Connected Industries である。個社別の行動目標ではなく、業界の枠組みを超えてさまざまな企業、人、機械、データをつなげ、デジタル技術を活用することで競争力のあるサービスの創出および生産性向上の実現を目指している点が特徴である。

経営戦略論において脅威となる環境変化を感知し、自社の経営資源を再構成することで、持続可能な競争優位性を構築する組織能力のことは「ダイナミックケイパビリティ」として知られている。この組織能力を産業全体で高めることにより、国際競争力のある産業の再構築を目指そうというのが、Connected Industries のコンセプトであると理解できる。

コンセプトの実現に向けた最重要テーマの一つが、企業間の協調領域の創出である。大企業のみならず中小企業も含めて協調することで、価値創出が可能なパートナーを探し、ビジネスエコシステムを構成することができるかが重要な論点となる。

日本が再起するためには競争から協創に変化すること、そしてコネクテッドカスタマーに留まらないより高次の"コネクテッド"

が求められる。いち早く外部環境の変化を感知し、有効な社内外のビジネスパートナーとの連携を構成することで、しなやかに変革を成し遂げる必要がある。

第 9 章

DSN トランスフォーメーション
プレイブック

　サプライチェーンの混乱は今日において顕在化しており、このような混乱や思わぬ弊害を回避する必要がある。堅牢で効率的なデジタルサプライネットワーク（DSN）を実現するためには、変革に向けた計画を策定、実行する必要がある。組織は断片的に新技術を試すのではなく、明確な事業戦略に基づき、先々を見通したうえでDSNを構築する必要がある。

　この章では、組織がDSN変革の戦略を実現すること、デジタルの価値を最大限活用し、競争市場における将来の成功への準備についての手引きを説明する。

　組織は、事前に想定される課題を設定する必要があり、単に新たな技術を試すだけでは十分ではない。この章では、DSN戦略実現に向け、事業戦略とDSN戦略との関係性、テクノロジーに関する考慮事項、プレイブックで推奨する実行手順、DSNを実装するにあたって重要な要素を説明する。

事業戦略とDSN戦略

　企業のDSN戦略は、事業戦略および戦略目標と一致する必要がある。**図9-1** に、事業戦略策定アプローチと対応するDSN戦略を示している。事業戦略の策定は、以下の5つの段階的なステップで構成されている。

1　組織のビジョン、ゴールを特定する
2　顧客、商品・サービス、地域、チャネルを特定する
3　組織の価値提供 とコアコンピタンスを特定する
4　他社との差別化を図るための戦略的なリソースの配置を行う
5　実施事項の優先順位付けを行う

5つのステップの内、事業戦略の第1レベル（ビジョン・目標の特定）

を除き、残りのすべてのステップに対して DSN 戦略を策定する。**図 9-1**に示すように、事業戦略と DSN 戦略の組み合わせは、DSN アプローチの策定と実行に関する次のステップの問いに取り組むことで策定される。図の逆矢印は、戦略策定および実行プロセスの反復を表している。

どの領域を対象とするか：各社は、事業戦略案に基づいて、DSN を設計する必要がある。顧客、製品、地域、チャネル等の情報を DSN 構築の対象を決める際に活用すべきである。DSN の各領域のプロセスを実行

図 9-1：事業戦略と DSN 戦略

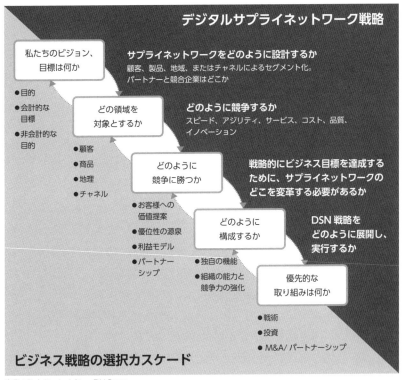

出典：Deloitte insights、DU Press

することで領域間で一貫した計画と実行が可能となる。

どのように競争に勝つか：DSNは、顧客サービス、スピード、アジリティ、コスト、品質、技術革新などの特定の能力を提供することで、組織の競争力を強化することができる。スピードは、サプライチェーン内での製品の移動速度を表す。一方、アジリティは、サプライネットワークの応答性と適応性に基づいている。従来は、他の要素に悪影響を与えることを理解した上で、優先するパフォーマンスを向上させるために、改善要素（コスト、スピード、サービス等）を選択していた。例えば、顧客サービスの向上はコストにマイナスの影響を与えていた。しかし、高度なテクノロジーとDSNに最適化したオペレーションにより、複数の要因を同時に最適化できるようになった。DSNのエンドツーエンドの透過性、高度なアルゴリズム、プロセス自動化によってこのような最適化が実現される。

どのように構成するか：顧客サービス、製造、物流の機能を提供するための人、プロセス、テクノロジーに関する事業戦略はDSNの構成に大きく影響する。DSNプロセスとネットワークの組み合わせは組織の能力と競争力を著しく高めることができる。

何を優先的に取り組むか：企業、顧客、サプライネットワークに価値を付加するためには、多くの潜在的な取り組みが存在する。これらを取捨選択することにより、全体的な価値を高め、それぞれの領域の協調を図ることができる。

DSN のアプローチと
テクノロジーに関する考慮事項

　組織のリーダーは、DSN プロジェクトを開始するために、多くの視点とサプライネットワークの領域に焦点を当てる必要がある。このプレイブックでは、個々の組織の重要な決定をサポートするツールを提供する。潜在的な提供価値を特定するために、リーダーは**図 9-2** に示した 4 つの要因を考慮するべきである。

課題にフォーカスすること：DSN による提供価値を特定するために、従来のサプライチェーンの課題と価値を見直す必要がある。クロススキルおよび領域横断チームは、市場投入速度、顧客体験、サービスコスト、生産効率などの分野を現状分析し、潜在的な価値を考慮した上で、解決すべき課題を特定する。

データドリブン：ビッグデータへアクセスすることは、問題の特定と自動化によって、事業とそのサプライネットワークに大きな価値をもたらす。例えば、顧客データ（好み、経験、顧客自身の課題など）、生産データ（プロセス偏差、リアルタイム効率、スケジュール遵守など）、パートナーデータ（サプライヤー能力など）、その他サプライネットワークの構造化、非構造化データにアクセスすることは、DSN における提供価値を特定するための示唆を与える。

サポートされたプラットフォーム：ERP 等の顧客サービス、データ処理、高度な分析、可視化の分野におけるベストプラクティスは、新しい考え方を組織に浸透させ、デジタルテクノロジーと新たなプロセスの組み合わせを推進するための基盤となる。

科学的なアプローチ：デジタル技術と認知能力の基礎的な技術は、計画、購入、製造、保管、輸送、配送の高度な自動化プロセスによる革新的な方法を提供し、分析を高度化することができる。ビジネスユーザーとテクノロジー専門家がビジネスの利害関係者に付加価値をもたらすソリューションを開発するために、テクノロジーの活用方法を検討する。

　DSN 戦略を策定して提供する際には、テクノロジーの役割を理解することが重要である。SCM を DSN に変換する主な理由は、機械学習、AI、ブロックチェーン、ロボティクス、アディティブ・マニュファクチャリングなどのテクノロジーの発展によって実現できることにある。しかし、多くの会社による技術実験の過去の取り組みの多くは、うまくいかず、最終的には中止になった。

　既存のビジネス要件の多くは、過去の時代の制約であり、現状におけ

図 9-2 : DSN アプローチの構造化

課題にフォーカスする	データドリブン
分析フレームワークを活用して、パフォーマンスに影響を与えるビジネス上の問題とオポチュニティを特定する	内部、外部データ、非構造化データセットは、「デジタルコア」に統合される

市場投入までのスピード

製品・サービス設計

供給ネットワーク速度

顧客体験

資産効率

コスト

アフターマーケット管理

構造化データ

内部データ

例：PO データ

例：ベンチマークデータ

デジタルコア

例：コールトランスクリプト

例：ソーシャルメディア

外部データ

非構造化データ

出典：Deloitte Insights、DU Press より

る経営幹部や顧客の最優先事項ではない。テクノロジーの機能とユースケースを理解することで、イノベーションが促進され、サプライネットワークを再検討した上で、独自のDSNを構築することができる。例えば、スペアパーツ在庫を効果的に管理することは、製造業にとって重要な業務要件であった。しかし、高度な予測アルゴリズム、センサー、アディティブ・マニュファクチャリングが何を達成できるかを理解していないと、経営幹部はこれらのテクノロジーによってもたらされる革新的なソリューションの可能性を検討することが困難となる。

　私たちが推奨するのは、**図9-3**に示すように、技術的な可能性とサプライネットワーク戦略のバランスを考慮してDSN戦略を検討することである。技術の理解は各DSN領域へ可能性を提供する。その一方で、事業戦略、DSN戦略は、テクノロジーを組織にどのように活用するかを検討するのに役に立つ。例えば、ブロックチェーン技術は、契約の自動

サポートされたプラットフォーム

ベストプラクティスとされるERP、データ処理、アナリティクスや可視化ツールは、よりスマートな洞察を得るために利用されている

ERP

データ処理

高度な分析

視覚化

科学的なアプローチ

最新のAI技術を業界固有のソリューションに適用して、予測的な回答と結果を得る

コントロールタワーは、高度な機械学習アルゴリズムを利用することで、時間の経過とともに正確性が増す

ビジネスケースに対応する広範なテクノロジーの検討

実行だけでなく、製品の動きに対してエンドツーエンドの透明性を提供することができる。食品メーカーや製薬会社にとってはブロックチェーンの透明性のほうが有望に思えるが、国際的な貿易会社にとっては自動契約のほうが有益と言えるだろう。

　顧客の要件、社内プロセス、パートナーとのコラボレーションの知識に加えて、DSN テクノロジーの背景にあるコアサイエンスを理解することにより、最適な DSN 戦略を導き出すことができる。サプライネットワークの革新と価値創造のために技術的理解とともに、業界横断でのユースケースを考慮することを推奨する。

図 9-3：技術および事業戦略を考慮した DSN 戦略策定

プレイブックで推奨する実行手順

　DSN 変革のプレイブックでは、**図9-4** に示すように、次の4つの手順を実行することをお勧めする。

◉────組織と文化

　どの組織においても、個々の従業員とチームの働きが成功や失敗につ

ながると言っても過言ではない。サプライチェーンを DSN 変革へと導く最初のステップは、組織、従業員を変化に関与させ、動機付けを行うことである。DSN を構築するための特定のプロジェクトを開始する前に、彼らの心に変革のマインドセットをもたせることが重要である。関与する従業員をわくわくさせ、関心を生むことから、組織を変革する長い旅が始まる。

　リーダーと個々のメンバー両方のスキル強化がされた組織を目指すためには、トップダウンとボトムアップ 2 つの方向での変革への準備が必要である。

　リーダーには、デジタルリテラシーに加えて、組織をデジタルの旅に駆り立てる原動力が必要である。リーダーが DSN テクノロジーの専門家になることは求められないが、テクノロジーの機能とユースケースへの理解を深めることを強く推奨する。DSN への移行には、すべてのメンバーが新たに学習する必要がある。リーダーの学習意欲がチームメンバーを刺激することもある。組織の変化への対応力と想定されるリスクを取る能力は、DSN リーダーが成功のために影響を与える要素となる。

　領域横断チームとクロススキルチームは、顧客サービス、パートナー管理、内部プロセスの自動化に適したソリューションを見つけるために

図 9-4 : DSN 変革プレイブック

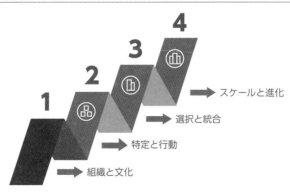

必要な要素である。オープンな議論と相反する見解は歓迎される。異なる組織のサプライチェーンのリーダーが、長い間不問とされているルール（凍結期間、ロットサイズ、顧客ソリューション等）の議論を行うことは重要である。付加価値を目的としたオープンな会話は、成功につながる革新的なアイデアを生み出す可能性がある。

　プロセスとテクノロジーに関する学習は、各チームメンバーや組織にとってだけでなく、DSN 戦略の計画、開発、実装を成功させるために、重要な要素である。経営幹部は、組織として DSN のすべてのメンバーに、学習機会を提供する必要がある。デジタルな手法では、オンデマンド学習という形式で効果的かつ効率的に大規模なトレーニングを提供する選択肢もある。ただし、一方的な形式ではなく、双方向で、議論を交えて学び、体験し、発見しながら教えることを推奨する。

　学習することで組織は変革の旅に向けて準備を整えるが、リーダーシップチームによる推進力、明確なコミュニケーション、目標の共有こそが、会社全体を DSN 変革の取り組みへと向かわせるものである。

◉━━━━特定と行動

　デジタル変革の準備が整ったら、次のステップは、領域横断チームと連携して、価値を生み出す領域を特定する。これは、DSN の各領域に関連するすべてのプロセスを調査することで実現する。対応可能な領域を特定する際には、デザイン思考アプローチと技術的能力を考慮すべきである。型破りなアイデアを重要視する必要があり、デザイン思考のようなクリエイティブな方法はチームの創造性を引き出すために有用である。

　価値創出のオポチュニティごとにビジネスケースを作成する必要がある。ビジネスケースには、価値を創出、追加したい領域と、特定の取り組みが予測される価値に対して提供するために必要な投資が記載されている。我々の調査では、コストと価値の両方について有意な偏差（15% から 90% の範囲）を特定した。ただし、ベースラインとしてビジネスケ

ースを作成することを推奨する。目標に対しての進捗をトラッキングすることに加えて、ビジネスケースを作成することは、エンドツーエンド変革のための個々の活動を統合するのにも役立つ。

　ここ数年、多くの会社が実験ベースの取り組みを開始し、ロボット、ブロックチェーン、AI などのテクノロジーが機能するかどうかを検証している。多くのテクノロジーには強力な POC（Proof of Concept）レコードがあり、その有効性が十分にサポートされている。各社において焦点とすべき点は、アプリケーションの可能性を特定し、ビジネスケースを鑑みたときに目的としたことを実現できるか検証することである。

　DSN ソリューションの設計、構築、提供には、アジャイルアプローチが適している。ソリューションを最小で実行できる単位で提供し、フィードバックと統合作業に基づいて更新することを推奨する。最小単位のソリューションが提供されたら、計画に対しての効果の価値測定を行うべきである。

◉─────── **選択と統合**

　最初のパイロットバージョンがローンチされ、複数の DSN ソリューションにより効果が測定できたら、ネットワークとして統合するタイミングとなる。

　会社とリーダーは、事業計画とソリューションの目標を踏まえ、個々のソリューションを評価する必要がある。成功したソリューションは、スケールアップ、ソリューション範囲の拡張、他のソリューションとの統合を考慮される。失敗したソリューションは振り返りを行い、根本原因を特定し、成功に導くためのアクションを実行できるかどうか、ビジネスケースがまだ有効かどうかを判断する。ビジネスケースに該当しないソリューションは対象外とし、対象外となったチームは別の問題、事業、その他の進行中のソリューションに割り当てられる。例えば、需要 /供給計画に関連するすべてのソリューションを、スケールアップのため

にシンクロナイズド・プランニングの下にグループ化したり、在庫追跡に関連するすべてのソリューションをグループ化することができる。

　関連するビジネスケースと取り組みを統合して拡張することで、企業レベルの DSN 変革への準備が整う。

◉───── スケールと進化

　このステップでの焦点は、企業全体へのスケールおよびエンドツーエンドのプロセス、チーム、テクノロジーによって再構築された DSN に変革することである。多くの企業にとって高度で自動化された DSN は、常に進化し続ける機能である。この変革は、達成すべき目的ではなく、優れたスキルを獲得し、更なる進化への旅を続けるためのものである。この段階にある組織は、デジタルテクノロジー、顧客サービス、従業員のエンゲージメント、プロセスの自動化に対する長期的なアプローチを通じて推進力を維持し、持続可能なデジタル機能をもつことを推奨する。

DSN を実行するにあたっての重要な要素

　図 9-5 に示されているように、DSN 変革の旅の結果に影響する要因は複数存在する。

デジタルコア：デジタルコアは、組織の基本的なデータインフラを意味する。販売、財務、製造、倉庫、輸送の統合システム（ERP アプリケーション）は、DSN プロセスおよび高度なテクノロジーで使用される基本マスタおよびトランザクションデータを提供する。組織のデジタルコアによってサポートされる基本的なインフラをもたずに、高度な DSN 変革を実行することは困難であることが多い。

デザイン思考：DSN領域を通じた価値創出による解決すべき問題を特定するために、デザイン思考のアプローチが推奨される。デザイン思考は、顧客とユーザーの視点から問題を理解し、共感によって解を導き出すのである。分析、コミュニケーション、ロールプレイ、観察、調査作業を通じて、ユーザーの要件と優先順位を把握する。迅速な導入のための学習は、コラボレーション、調査、可視化、プロトタイプによって強化される。プロトタイプは、最終的なソリューションのパイロットバージョンを意味している。高速なプロトタイプを開発することは、顧客からのフィードバックを得たり、製品やサービスを調整して製品の完成度を高めるのに役立つ。

図9-5：DSN 変革に影響する要因

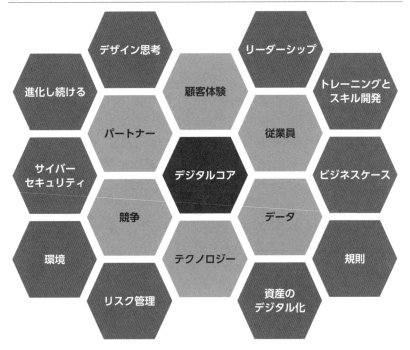

顧客体験：製品、サービス、顧客との契約、社内プロセスを再定義する際には、顧客体験を考慮する必要がある。会社が製品やサービスを通じて解決する問題を理解することが重要である。例えば、自動車会社は、顧客が製品、プロセス、サービスを再定義するために、自社が提供できる体験である交通・輸送手段におけるニーズの調査を行っている。

リーダーシップ：あらゆる変革と同様に、DSN 変革も、リーダーによる明確なメッセージとチームが成功するためのサポートが必要だ。学習、実験、協力の文化を育む必要があり、理想的にはリーダー自らが手本を示すことが必要である。分析と価値創出プロセスの再構築を実施した組織はそのまま変革を継続することができ、そうでない企業は撤退することとなる。

従業員：DSN 変革の成功における最も重要な要因は、従業員である。リーダーからの指導、サポートを取り入れることで、積極的な従業員は、顧客へのより良いサービスと効率的なプロセスを通じて DSN を再発見することができる。協力、多様なチーム、相互学習、サポート、共感といった文化は、DSN 変革にとって必要な会社の士気を生み出す。

トレーニングとスキル開発：サプライチェーン組織に関係するすべての人に、各個人の役割に合わせたトレーニング、スキル開発が必要である。リーダーには、デジタル時代におけるデジタルリテラシー、技術力、チームマネジメント、業界の権威からの学習が推奨される。個々のプロセスリーダーには、デジタルに関する深い理解とそれぞれの領域の事例の理解が必要である。個々のチームメンバーには、各領域の機能、DSN プロセス、技術の可能性に対する学習が必要である。

ビジネスケース：DSN 変革はビジネスケースによって推進される必要がある。変革への取り組みを開始する前に、コストと価値の関係を理解す

ることが重要である。単独領域における活動コストが提供する効果以上のものであることを把握することも重要であるが、領域を横断した広範なデジタル能力と価値提供がより重要な要素となる。プロジェクトの開始フェーズのみならず、作業進行に合わせてコストと効果を定期的に測定することを推奨する。

データ：「Garbage in, garbage out（無意味なデータを入力すると無意味な結果が出る）」というコンセプトは今日においても正しい。可視化、意思決定のためのシミュレーション、プロセス自動化による効果は、入力データの品質に完全に依存する。データの可用性は、DSN プロセスの管理と自動化において必要不可欠である。DSN を設計して実行する前に、データ取り込み、クリーニング、使用を慎重に計画する必要がある。

規則：DSN プロジェクトの詳細を計画するにあたって、各国の規制や法律を考慮する必要がある。例えば、サプライネットワークの AI による自動化を検討する際には、顧客データのプライバシー、データ使用、税法、業界および国固有の規制を考慮する必要がある。

資産のデジタル化：旧世代の物理的資産のデジタル化には、独自の課題がある。古い機械装置にセンサーとアクチュエータを追加すると、機械の予期せぬ動作が発生し、問題となるケースがある。これは、オペレーター、顧客、財務、チームの士気に悪影響を及ぼす。物理 - デジタル - 物理ループのエンドツーエンドのオペレーションを、マシンの機能と設計を踏まえて検討することを強く推奨する。多くの場合、デジタル化していない機械に高度なデジタル機能を追加することは適切な解決策ではない。

テクノロジー：テクノロジーの特性は、DSN 変革において最も重要な要素の 1 つである。テクノロジーの評価は、事業目標とテクノロジーによ

って提供される価値を整合させる必要がある。顧客の要件、プロセスの最適化、ビジョン、テクノロジーの機能を多面的に検討することで、革新的で付加価値の高い DSN ソリューションを実現できる。

リスク管理：DSN 変革におけるリスク管理計画（リスクの特定、影響の計算、軽減計画含む）を作成することが重要である。ほとんどの組織では、DSN 変革アクティビティに取り組む際に、既存のサプライチェーンプロセスにおいても需要 / 供給プロセスを管理し続けることが不可欠である。このようにアクティビティを並行で実行することで、ビジネスリスクが増大する。ビジネスリスクは特定、計画、軽減される必要がある。

競争：競合他社が革新的に進化できるという事実を受け入れて、自分の競争相手を認識することが重要である。エンドツーエンドの DSN プロセスを検討して、価値を生み出す機会を特定し、ディスラプティブな競争相手に反応する組織ではなく、自分自身を変革することが重要である。システム全体の効率を高めながら、競合他社と協力して市場規模を拡大し、価値を付加することが可能な場合もある。組織 / エコシステムの収益と利益を増やすために、組織のサプライネットワークを通じてプラットフォームへの影響を発生させることができるかどうかを検討するべきである。

パートナー：DSN は、各社のプロセスに限定されるのではなく、全体的なネットワークを最適化および自動化するためのものである。DSN プロセスでは、パートナーは革新的な DSN の実行において重要な役割を果たす。したがって、パートナーと協力して、データの共有、全体的なプロセス設計を行い、適切に連携した統合ネットワークを通じてプロセスとエンドユーザーにサービスを提供することが重要になる。

環境：DSN は、環境や社会に影響を与える。組織の収益と利益の最大

化を計画する際には、すべての利害関係者の利益のために、二酸化炭素排出量、労働条件（特に発展途上国に依存しているケース）などの要因を考慮すべきである。DSN プロセスによって得られる効率は、原材料や廃棄物を最適化することで環境にプラスの影響を与える。また、センサーや高度な追跡技術は、廃棄物管理や環境保全に大きな可能性を秘めている。

サイバーセキュリティ：データ、プロセスの自動化、IoT デバイス、クラウド、接続されたネットワークへの依存は、サイバーハッキングの脅威により組織の脆弱性に影響する。シームレスなネットワーク接続により、1 つのデバイス、プロセス、パートナーを介したセキュリティ侵害に対して、システム全体が脆弱になる。このように、ネットワークの最も弱い箇所が、脅威に対しての DSN インフラ全体の強度となる。このような危険から組織を守るためには、適切なツールとテクノロジーによる保護が必要である。

進化し続ける：前述したように、DSN 変革は特定の目的ではなく、高度に自動化された組織とそのサプライネットワークへ進むための旅である。技術は急速に変化しており、活動の中で達成された成功が更なる革新、自動化、改善の道を切り開く。従業員、利害関係者、顧客の日々の業務を継続的に改善することが、適切な DSN 変革を成功させるための鍵となる。

まとめ

　DSN 変革を成功させるには、事業戦略と整合させ、個別のテクノロジーに焦点を当て、切り離されたプロジェクトではなく、プレイブックを通じて活動を計画することが重要である。DSN 戦略は、事業戦略のほとんどすべての重要な要素に影響を与える。関連する DSN の取り組みを特定するために、4 つの考慮すべき事項がある。それらは、課題にフォーカスすること、データドリブン、サポートされたプラットフォーム、科学的なアプローチである。DSN 変革による効果を想定しながら、技術的能力を理解することが重要である。変革には、次の 4 つのステップを提言する。まず、組織の文化と従業員を変革する。次に、DSN への取り組みを特定して計画、行動する。その上で、全体視点での効果を生み出すために、個々の取り組みを選択して統合する。最後に、常に進化し続ける組織のために、企業レベルで活動を展開する。DSN 変革における重要な要素として、デジタルコア、デザイン思考等の前述した複数の要因がある。

日本の見解

米国における DSN 実現の取り組み

　米国デロイトメンバーが原著にて紹介しているサプライチェーン先進企業に関する事例はどれも興味深いものである。Amazon、ユニリーバ、Nike、キャタピラーといった、SCM に関心のある読者であれば、一度は耳にしたことのある企業の取り組みの概要が紹介されている。これらの企業の取り組みはどれも真新しく、と

ても興味深く、もっと知りたいと感じられるものばかりである。それはいったいなぜだろうか。

　SCM発祥の国である米国は、これまで常に「サプライチェーン先進国」であった。デロイトにおいてもさまざまなトレンド、コンセプト、さらにソリューションの最新情報は米国からもたらされることが多く、COVID-19が世界に影響を及ぼし始めた際にもサプライチェーンへの影響や対応の必要性に関するレポートはいち早く米国から発信された。紹介されている米国企業の事例も我々にとって「新しい」と感じられるものであり、例えば日本においてはまだコンセプトやアイデアの域を出ないSCMがすでに実際に試されている、または本格導入されている。

　しかし、そうした真新しい事例に触れるにつけ、「本当に"使える"ものなのか」「実際に効果があるのか」といった興味が掻き立てられる一方で、前述の「興味深さ」の源泉はそれだけではないことに気づく。米国における事例が真新しさによるもの以上の興味を掻き立てるのは、彼らが作り上げるDSNは自社の効率性を高め、コストを削減するため、というよりも顧客に新たなサービス、体験を提供することに取り組みの大義を設定しているからであろう。つまり、先進企業におけるサプライチェーンは社内を対象にした「ディフェンシブ」なものだけでなく、それ以上に顧客に新たな価値を提供する「オフェンシブ」なものであるとの認識に基づいて進化を続けているのである。「顧客とつながる」「サプライヤーとつながる」「データを揃える」「分析力を高める」といった施策は、自社の効率性を高めるだけではなく、顧客に新しい価値を提供するところまでを狙ったものであることが、改革の最初から最後まで一貫した目的になっているのである。我々の興味は、新たなDSNにより顧客に提供される価値によって掻き立てられて

いるのである。また、彼らの DSN が自社の存在意義や重要にしている価値観に沿うもの、またはそれを分かりやすい形で体現するものであるからこそ、DSN 構築に取り組む当事者たるチームリーダー、メンバーが生き生きとコンセプトやアイデアを膨らませ実現に邁進するのみならず、それ以外の社内関係者も改革に賛同し、一致団結して大きな改革に取り組むのではないだろうか。SCM には一方の部門の論理を重視しようとすると、他方の部門の論理が成り立たないといったトレードオフがつきまとうものであり、その改革は容易ではない。もちろん米国の先進企業での改革にも多くの苦難が伴ったであろうことは想像に難くないが、それでもなぜか前述のような「ポジティブ」な様子が目に浮かび、顧客やサプライヤーといった垣根を超えてこれまでにないサービスの提供を実現するためのサプライチェーン改革の話は我々の興味を掻き立てるのである。

日本における DSN 実現の取り組み

　翻って日本における取り組み状況はどのようなものであろうか。DX や DSN といったワードがもてはやされる以前から、日本企業も IT を活用したサプライチェーンの効率化、高度化に取り組んできた。

　例えば大手電子部品メーカーでは、自社製品が組み込まれる最終製品の世界各国の需要変動が非常に大きい一方で、モノづくりは国内のみならずアジア各国に分散されており、需要と供給のマッチング、コントロールが非常に困難な状況であった。

　こうした状況に対処するために、2015 年当時の CEO は HQ にてグローバルの最新需給状況を捉え、迅速にアクションするため

のいわば"グローバル司令塔機能"の設立を決断した。具体的にはグローバルS&OP（セールスアンドオペレーションズプランニング）の導入に取り組んだ。

　最終的に実現したい内容はグローバル全体の需要と供給をマッチングさせ、自社にとって最適な供給計画を立案することであったが、このためには多くの努力が必要であった。

　まず最初に立ちはだかったのは、データである。新しい組織と権限を定義し、それに基づく新たなプロセス・ルールを定義し、その自動化をサポートするシステム機能を開発することは、比較的容易である。いわゆる"あるべき姿"に関する見解はほぼ公知のものであるし、必要なシステム機能もパッケージソリューションとしてベンダー各社から提供されているからである（それらを自社に適用させて実際に新運用を開始するまでにはさまざまな"コツ"が必要ではあるが）。

　一方で、最も骨の折れることの一つは必要なデータを揃えることである。当該企業もこの点には非常に苦労した。在庫データ1つをとっても異なる解釈と定義で分散管理されていたり、必ずしも実態を表す内容となっていないデータを、それらを前提に計画立案してよい状態にまで整える必要があったのである。結論から言うと、この企業では本当にやりたいS&OPの実現のための前段として、データ整備のための複数のプロジェクト（ERP導入やグローバルマスタ導入）を遂行した。「千里の道も一歩から」という故事成語にある通り、サプライチェーンで大きな目標を達成するためには過去に蓄積されたデータを根気よく、着実に整備するとともに、日々新たに生成されるデータを目的に合わせて正確に蓄積するための運用を作り上げる必要がある。データの整備には時間を要したものの、それを梃子にしてセールスアンドオペレーシ

ョンズプランニング（S&OP）の実現のみならず、データを活用した在庫適正化ダッシュボードや経営管理ダッシュボードによる状況把握と判断迅速化など多くの派生施策の早期導入が可能となった。DSN実現には何はともあれデータが必要である、という好例である。

　また、消費財企業においても類似の改革に取り組まれたが、その際には別の苦労があった。それはリソースの確保である。昨今では、日本においても特定の専門性を確保するための中途採用は当たり前になっており、さまざまな企業の改革を支援する中でいわゆる「プロパー」や「生え抜き」ではなく、中途で別の企業から特定の専門性を武器に入社された方にお会いすることが多くなった。しかし、こうしたケースがいわゆる日本の一部の大企業において「ごく当たり前」になってきたのはここ数年のことではないだろうか（もともと中途入社者が多くを占めるような一部の企業を除いては）。

　それまでのSCM改革、とりわけ今で言うDXと言われるようなITソリューションの活用を主眼とした改革においては、人材がボトルネックになるケースが非常に多かった。今では各企業にCDO（チーフデジタルオフィサー）というポジションが設定され、配下のメンバーも含めていわばデジタルを梃子にした「攻め」の改革が各所で推進されている。しかしながら、ひと昔前までは情報システム部門が事業運営を確実にサポートするための既存ITシステムの維持・向上だけで多忙を極め、新たなサービスや価値を生む新規のITシステムの企画、導入を推進するところにまで気力と体力が追い付かないといったケースもよく見られた。コンサルティングファーム、ITソリューションベンダー、システムインテグレーターなどの外部パートナーを活用するという選択肢を採りつつも、

プロジェクトにおいては業務部門のみならず、情報システム部門が果たすべき、情報システム部門でなければ果たせない役割があり、「丸投げ」はできない。つまり、IT活用を含むサプライチェーンプロジェクト、すなわちDSN構築に向けた取り組み余力は、イコール既存の情報システム部門メンバーからなるITまたはプロジェクトケイパビリティをもつリソースの数、とも言える構図であった。先ほどの消費財メーカーでも、当該リソースを相当な苦労で捻出し、時には長時間労働でスケジュールを順守しながらなんとか実現にこぎつけたのである。改革の途中では比較的小さなものも含めると幾度となくリソースがボトルネックとなり、スケジュールの見直し（後ろ倒し）を余儀なくされた。

日本における取り組みの特徴

前述の通り、かつての日本企業におけるDSN実現に向けた取り組みは、自社のオペレーション効率化、判断迅速化などを主眼にしたものが多く、誤解を恐れずに言えば「自社の効率性向上と高度化は納期回答スピードや精度向上にもつながるので、結果としては顧客満足度向上にも貢献できる」といった感覚で開始されることが多かったのではないだろうか。結果、例えば供給計画を策定している担当者、需要を取りまとめている担当者、納期回答をしている担当者など、実際に関連業務を実施している担当者のみのモチベーションと献身に支えられた取り組みになりがちである。そうしたメンバーは、取り組みの主眼が自分たちの業務を効率化したり高度化したりすることであると認識するため、自分たち以外の部門、例えば経営企画、経理・財務、事業企画・管理、サービス・商品企画、営業といったメンバーに協力を仰ぐことに

遠慮が生じているケースが多い。

　ましてや、数々の米国のサプライチェーン先進企業のように自社の枠を超えてサプライヤーや物流業者、そのほかのパートナー企業にまで協力を仰ぎ、DSN構築で新たなサービスや価値創造を実現した企業は、日本でもごく一部の有名企業のみではなかろうか。

　また、昨今の状況は随分と変化してきてはいるが、リソース確保は未だに自社の「生え抜き」に頼っているケースがまだまだ多い（基本は生え抜きで対応する前提で、どうしても足りない時のみ対象を絞りに絞って外部採用）。他社で同様の改革を経験した人材、システムインテグレーターとしてシステム構築に多くの経験をもつ人材、パッケージソリューションベンダーで当該製品を開発していた、または販売・導入していた人材など、市場には多くの「改革請負人」またはその予備軍が存在している。にもかかわらず、「自社のオペレーションは特殊だ（他社出身者にはなじまない）」「仕事の遂行には人間関係という蓄積がなければ無理だ（だから新参者が活躍するのは難しい）」「そもそもどこまでの実力があるのか分からない（他社では通用したかもしれないがうちはよりレベルが高い）」といった会話が実際になされなくとも、暗黙の了解として共通認識化していないであろうか。

　一方で、雇用される側のITやプロジェクト遂行のケイパビリティをもつ人材は、えてして新たなキャリアの場としての企業を「退職まで働き、骨をうずめる場」であったり、「職種・仕事内容より社名・ブランドで会社を選ぶ」という発想が比較的弱い。前職で改革をやり切った、面白い仕事が当面なさそうだ、ということでいわば「改革請負人」としてプロジェクトや大改革を求めて次の会社を探している人材も一定数存在し、そうした人材は大改革を

完遂したら、次の機会を求めて去っていくかもしれないのである。感覚論ではあるが、こうした人材は確実に増えているし、今後も増えていくのではないだろうか。実際にリーダーを含むプロジェクトの中核メンバーを中途採用メンバーで固め、新しいサプライチェーンを作り上げた企業も存在している。その企業にとっての当たり前が他社から来たメンバーにとっては理解不能なこだわりであることも多く、もともといたメンバー同士の議論では埒が明かない事柄も、実際に行われていた他企業のいわば「できるという証拠」が示されることで有無も言わさず新運用が決まるといったケースはたびたび起きている。日本に比べて、ジョブディスクリプションベースでの転職が旺盛な米国の SCM が進んでいる、と言われるゆえんの一つがここにあるのではないだろうか（ベストプラクティスが各社のスタンダードになりやすい）。

　日本企業における DSN 構築に向けた取り組みは 1990 年代からさかんに行われてきた。しかし、それは今なお自社の効率性向上やオペレーションの高度化を主眼にするがゆえに改革の着火までに説明、根回し、合意形成のために非常に長い時間を要し、開始後も「生え抜き」社員というリソース制約の中でもがきながら進める、どちらかというと「辛く」「大変な」仕事というイメージがつきまとうものとなっていないだろうか。

DSN 実現に向けて必要なこと

　前述の通り、日本でも DSN 構築が進められているものの、取り組みの大義、目的からも影響を受けていると思われる関係者を巻き込むための「共感」不足、当事者や周囲の「ワクワク感」不足、実現に向けた「勢い」と「スピード」不足を感じざるを得ないケ

ースが多い。これからのサプライチェーンに DSN が必要であることは間違いなく、そこを疑う読者はいないのではないだろうか。もしサプライチェーンの強化にデジタル技術の活用を中心に据えずに取り組まれている企業があれば、一旦立ち止まって考えなおすことを強くお勧めする（そうした企業はないと思うが）。であればこそ、多くの企業に必ず必要となる DSN 構築の取り組みは、よりインパクトの大きいものであり、より早く実現されるものであり、より楽しさや達成感を感じられるものであってほしい。

　そのためにも、DSN 構築の目的は自社の効率性よりも顧客への新たな価値、サービスの提供に設定し、"関連業務の担当者・部門が助かる"という目線ではなく、"企業が世の中に提供する価値を高める・新たに創造する"という目線で設定する必要がある。そうすることで企業においてヒト、モノ、カネを集めやすくなり、草の根活動から全社改革に昇華するためのリードタイムが短縮されるとともに、実行局面でも推進スピードを保つことができる。また、プロジェクト推進に当たっては今まで以上にプロフェッショナル人材の中途採用を積極的に進める必要がある。この流れは今後ますます強くなり、人材争奪戦がより激しくなることを考えると、自社がより早くそうした状態になれること、さらには市場に対してプロフェッショナル人材の活用が上手で働きやすい企業というブランディングを他社に先駆けて確立することが重要である。

原著者プロフィール

アミット・シンハ (Amit Sinha)

デジタルサプライネットワーク、サプライチェーンマネジメント、オペレーション管理、エンタープライズ・テクノロジー分野のコンサルタントとして、企業のサプライチェーン変革やテクノロジー導入プロジェクトを主導し16年以上の経験を持つ。
サプライチェーン人材育成にも携わり、関連する書籍の執筆、講演活動を行っている。生産技術・産業工学エンジニア。経営学修士（MBA）。

エドニルソン・ベルナルデス (Ednilson Bernardes)

ミネソタ大学でオペレーション・管理工学の博士号、リオグランデ・ド・スル大学でオペレーション・イノベーション・テクノロジー・マネジメントの修士号を取得。
ウェストバージニア大学でグローバルSCMプログラムを創設し、初代プログラムコーディネーターを務める。

ラファエル・カルデロン (Rafael Calderon)

ノースカロライナ大学チャペルヒル校で経営学修士（MBA）、パデュー大学で産業工学の学士を取得。20年におよぶコンサルティング経験を持ち、グローバル企業のオペレーションパフォーマンス向上を支援。
3カ国語（英語、スペイン語、フランス語）に堪能であり、ビジネススクールや業界カンファレンスでの講演を頻繁に行っている。

トーステン・ウースト (Thorsten Wuest)

ウェストバージニア大学助教授。ブレーメン大学で生産工学博士号および産業工学修士号、オークランド工科大学で国際ビジネス修士号を取得。
機械学習、AI（人工知能）、スマートマニュファクチャリング分野の優れた研究者であり、学術誌への論文発表のほか、IFIP WG 5.7および5.1、IFAC TC 5.3などの国際的な学界に参画。

監修者プロフィール

藤岡稔大 （ふじおか・としひろ）

デロイト トーマツ コンサルティング合同会社　執行役員

外資系ERPベンダーから、大手コンサルティング会社を経て現職。
一貫してSCM、生産管理領域の業務／組織／システム設計に従事。デジタルサプ
ライネットワークオファリングのアジアパシフィック地域リーダーを務める。
近年はDeloitte dX Garageの責任者も兼任しており、企業のDXによる革新をサ
ポートし続けている。

デジタルサプライネットワーク

2022年7月15日 第1刷発行

- ◉原著者　アミット・シンハ、エドニルソン・ベルナルデス、
　　　　　ラファエル・カルデロン、トーステン・ウースト
- ◉監修者　藤岡 稔大
- ◉翻　訳　デロイト トーマツ コンサルティング合同会社
　　　　　サプライチェーン＆ネットワークオペレーションユニット
- ◉発行者　上坂 伸一
- ◉発行所　株式会社ファーストプレス
　　　　　〒105-0003　東京都港区西新橋1-2-9 14F
　　　　　電話 03-6433-5378（代表）
　　　　　http://www.firstpress.co.jp

装丁・DTP　株式会社オーウィン
印刷・製本　ベクトル印刷株式会社
ⓒ2022 Deloitte Tohmatsu Consulting LLC.
ISBN 978-4-86648-019-0
落丁、乱丁本はお取替えいたします。
本書の無断転載・複写・複製を禁じます。
Printed in Japan